基礎から学ぶ ロシア語発音

音声無料ダウンロード

リュボーフィ・ゴルボフスカヤ
安岡 治子

研究社

ま　え　が　き

　この教科書は、ロシア語を初めて学ぶ方のために、独特の発音の仕方を詳しく解説したものです。
　ロシア語を学んでみようと思う方の動機はさまざまですが、発音の美しさに惹かれて、という方も多いことと思います。詩の朗読や、お芝居や映画の台詞ばかりでなく、日常交わされる会話の一節を聞いただけでも、ロシア語発音の魅力は充分感じることができます。
　ただ、その美しい発音を、いざ自分が再現しようとすると、なかなか難しいものです。
　いままでに日本で刊行されたロシア語の文法書や教科書で、発音・音声の解説に割かれた頁はわずかであり、逆に音声学の専門家向けの本はかなり難しく、初心者にはいささかとっつきにくい印象を与えるものが多かったかもしれません。
　本書は、ロシア語発音の実践的な訓練のための方法を、できる限りわかりやすく説明することを目指しました。舌や唇の形や動きを豊富な図で示しながら解説し、場合によっては、発音しにくい音を出すための舌の動きを促進する方法として、その発音を導きだす「補助音」を先に発音することなども紹介しています。日本語独特のなまりが出やすい音は、そうした間違いが起きないための工夫についても述べました。
　個々の音についてだけでなく、文全体の意味を大きく左右するイントネーションのいくつかの型についても詳しく説明してあります。
　私たちは、ロシア語文法の初歩の学習では、名詞や形容詞などの格変化を覚えることに大変苦労します。格変化は、ロシア語の正確な読み書きのためには不可欠なものです。しかし、口頭では、格変化を仮に間違えたとしても、相手のロシア人は、自動的にその間違いを頭の中で正しい格変化に置き換えて、なんとかこちらの言いたかったことを理解してくれます。
　一方、誤った発音をすると、それは、ロシア人にとっては理解不能の言葉

になってしまいます。間違った発音は、コミュニケーションを極めて困難なものにしてしまうのです。

　正しい発音は、学習の初期段階で習得しない限り、後から矯正することは非常に困難です。そのことを念頭に置いて、皆様には、全ての発音を細かく区切って録音した音声教材を活用し、それにならってご自分で何回も声に出して発音練習をなさることをお勧めします。音声教材のトラック番号が教科書の該当箇所に記してあります。

　最後に、本書の作成にあたり、執筆意図を敏感に察知し、よりわかり易い章立ての構成、正確な図の作成など、丹念な編集作業を行ってくださった研究社編集部の大谷千明さんに、衷心より感謝いたします。

　皆様が本書を活用した発音練習によって、美しいロシア語音声の世界に一歩でも近づいてくださることを心より念願いたします。

　2016年3月

リュボーフィ・ゴルボフスカヤ
安 岡 治 子

目次

まえがき ……………………………………………… III
本書の使い方 ………………………………………… IX
音声のダウンロード方法 …………………………… X
はじめに──ロシア語発音を学ぶ前の概論 ……… XI

Introduction ロシア語発音のための調音体操 …… 1
Section1 母音 а [á] ………………………………… 4
Section2 子音 п [p], м [m], ф [f] ………………… 5
　①子音 п [p], м [m] …………………………… 5
　②子音 ф [f] …………………………………… 5
Section3 子音 т [t], н [n], с [s] …………………… 6
　①子音 т [t], н [n] …………………………… 6
　②子音 с [s] …………………………………… 7
　③н [n] の発音が問題になる場合 …………… 7
Section4 母音 о [ó] ………………………………… 8
Section5 母音 у [ú] ………………………………… 9
Section6 アクセント ……………………………… 10
　1. ロシア語のアクセント …………………… 10
　　①アクセントのある音節 ………………… 10
　　②アクセントのない音節 ………………… 10
　2. 母音の弱化 ………………………………… 10
　3. 母音 о と а の弱化 ………………………… 11
　　①第一段階の弱化 ………………………… 11
　　②第二段階の弱化 ………………………… 11
Section7 母音 и [í], э [é] ………………………… 13
　①母音 и [í] …………………………………… 13
　②母音 э [é] …………………………………… 13
Section8 ロシア語のイントネーション ………… 15
　1. イントネーションの型 …………………… 15
　2. アクセントとイントネーション ………… 15
　3. イントネーションの型 1　ИК-1 ………… 16

Section9 子音 к [k], х [x] ················18
　①子音 к [k] ························18
　②子音 х [x] ························19
Section10 子音 [j] ····················21
　①文字 я [já], ю [jú], е [jé], ё [jó] ·······21
　②軟音記号 ь と硬音記号 ъ ············21
　③文字 й [j] ·························23
Section11 母音 ы [ɨ] ··················24
　接続詞 и の発音 ·····················26
Section12 子音 ш [ʃ] ··················27
　①子音 ш [ʃ] の発音 ··················27
　②補助音を使った発音 ·················28
Section13 イントネーションの型2　ИК-2 ·······30
　1. 疑問詞を伴う疑問文 ················30
　2. 呼びかけや叫び、要求を表す ········31
　3. 語の意味の区別や語の対比を表す ····31
練習問題1 ····························32
Section14 子音 ц [ʦ] ··················34
Section15 有声子音の調音 ···············36
Section16 子音 в [v] - б [b] ············36
　①子音 в [v] ·························36
　②子音 б [b] ·························38
Section17 子音 з [z] ··················40
練習問題2 ····························42
Section18 子音 д [d] ··················43
Section19 イントネーションの型3　ИК-3 ·······44
Section20 子音 г [g] ··················47
Section21 子音 ж [ʒ] ··················49
　補助音 г [g] を使った発音 ············50
Section22 子音 л [l] ··················52
Section23 イントネーションの型4　ИК-4 ·······55
Section24 子音の無声化と有声化 ··········57
　1. 無声子音と有声子音の対応 ·········57

```
        2. 子音の同化 ……………………………………………… 57
            ①無声化 ……………………………………………… 57
            ②有声化 ……………………………………………… 58
Section25 軟子音 …………………………………………………… 60
        ■コラム　硬子音の発音の補助的な調音 …………… 62
Section26 軟子音 с [s'] - з [z'], т [t'] - д [d'] ………………… 65
        ①軟子音 с [s'] ……………………………………………… 65
        ②軟子音 з [z'] ……………………………………………… 66
        ③軟子音 д [d'] ……………………………………………… 66
        ④軟子音 т [t'] ……………………………………………… 66
        ⑤軟子音 з [z'] と д [d'] に注意! ………………………… 67
Section27 アクセントのない и, я, е の発音 ………………… 70
        ■コラム　アクセントのない я と е が語末で文法的な
            語尾の形の差異を表す場合 ……………………… 72
        否定助詞 не の発音 ………………………………………… 73
        接続詞 и の発音 2 ………………………………………… 73
        ся 動詞の発音 ……………………………………………… 74
練習問題 3 ………………………………………………………… 76
Section28 軟子音 л [l'] …………………………………………… 78
読んでみよう 1「私の部屋」…………………………………… 82
    1. 発音練習 …………………………………………………… 82
    2. 読んでみよう ……………………………………………… 82
練習問題 4 ………………………………………………………… 84
Section29 硬子音 р [r] と軟子音 р [r'] ……………………… 86
        ①硬子音 р [r] ……………………………………………… 86
        ②軟子音 р [r'] ……………………………………………… 87
Section30 軟子音 к [k'], г [g'], х [x'] ………………………… 92
        ①軟子音 к [k'], г [g'] ……………………………………… 92
        ②軟子音 х [x'] ……………………………………………… 92
Section31 子音 ч [tʃ'] …………………………………………… 96
練習問題 5 ………………………………………………………… 99
読んでみよう 2「私たちのグループ」……………………… 101
Section32 時間の表現 …………………………………………… 102
```

時刻に添える表現	102
時間の表現	103
読んでみよう3「私の一日」	106
アクセントによってのみ区別される動詞	107
Section33 軟子音 щ [ʃʃ]	109
Section34 イントネーションの型5　ИК-5	111
Section35 いくつかの子音結合の特殊な発音	113
発音されない（サイレントの）子音	115
Practice ロシア語朗読に挑戦しよう	117
1. アグニヤ・バルト作「子供のための詩」	117
2. コルネイ・チュコフスキー作「電話」	120
チュコフスキー作「電話」について	125
3. 早口ことば – Скороговорки.	126

■ 本書の使い方

本書の構成

全35セクション。加えて「ロシア語発音のための調音体操」、「ロシア語朗読に挑戦しよう」その他、「練習問題」が5セット、長めの文章の発音練習をする「読んでみよう」が全部で3セットあります。

ダウンロード音声のフォルダ番号と、該当の音声が何番目のトラックに入っているかを示しています。

音声を聞きながら、これまでに学んだ発音を練習します。音素のみの発音練習の場合と、実際の単語を発音する場合があります。単語については訳を掲載。

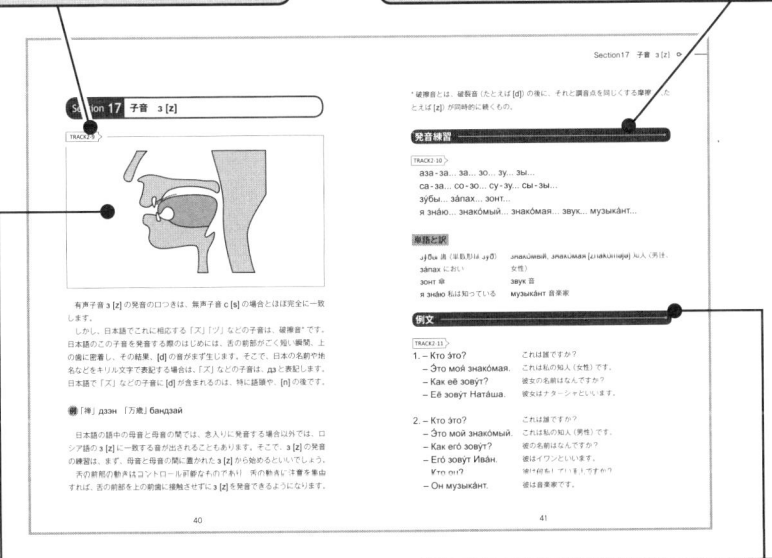

発音の際の口の形を図示します。

音声を聞きながら例文を発音することで、これまでに学んだ発音とイントネーションを練習します。

IX

音声のダウンロード方法

　本書のロシア語の音声データは、研究社のホームページ（http://www.kenkyusha.co.jp/）から、無料でダウンロードしていただけます（MP3データ）。以下の手順でダウンロードしてください。

1）研究社ホームページのトップページで「音声ダウンロード」をクリックして「音声データダウンロード書籍一覧」のページに移動してください。

2）移動したページの「基礎から学ぶロシア語発音」の紹介欄に「ダウンロード」ボタンがあります。クリックしていただくと、ファイルのダウンロードが始まります。

3）ダウンロード完了後、解凍してお使いください。本書の TRACK 番号のアイコンの表示にしたがって、該当するフォルダ・番号の MP3 音声をお使いください。

ダウンロードアイコンの見方

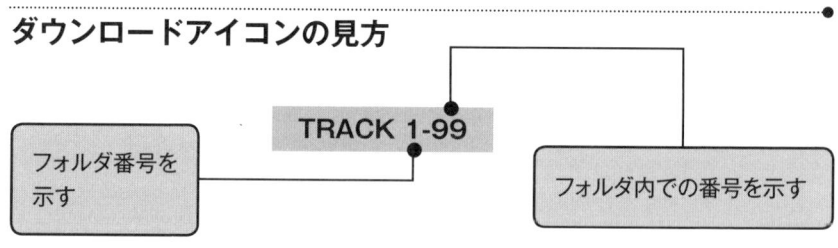

ダウンロード音声のフォルダ一覧

フォルダ1	Section1 母音 a [á] ～ Section14 子音 ц [ts]
フォルダ2	Section15 有声子音の調音～ Section24 子音の無声化と有声化
フォルダ3	Section25 軟子音～ Section34 イントネーションの型5 ИК-5
フォルダ4	Section35 いくつかの子音結合の特殊な発音～ 　　　Practice ロシア語朗読に挑戦しよう
フォルダ5	タイトル、ナレーター情報

はじめに——ロシア語発音を学ぶ前の概論

　ロシア語の正しい発音を習得するためには、まず発音する際の口の動かし方——口つき（調音）を習得しなければなりません。発音の口つき（調音）の基礎とは、その言語によく見られる口の動きの総体です。大人がある言語の発音を学ぶ場合は、子供が言葉を自然に覚えるのとは異なり、意識的に学んでいかなければなりません。学ぼうとする言語の発音の口つきについてあらゆる要素を認識し、それらをつねに母語と比較する必要があります。日本人がロシア語を学ぶ際には、英語との比較も有益でしょう。
　そのような意識的な学習を通じて、舌や唇の動かし方を習得し、ロシア語の調音に固有の状態を学ぶ必要があります。
　舌は、後部、中部、前部、そして先端部分に分けられます。その他、発音の際に用いられる発音器官の概略を、以下に示します。

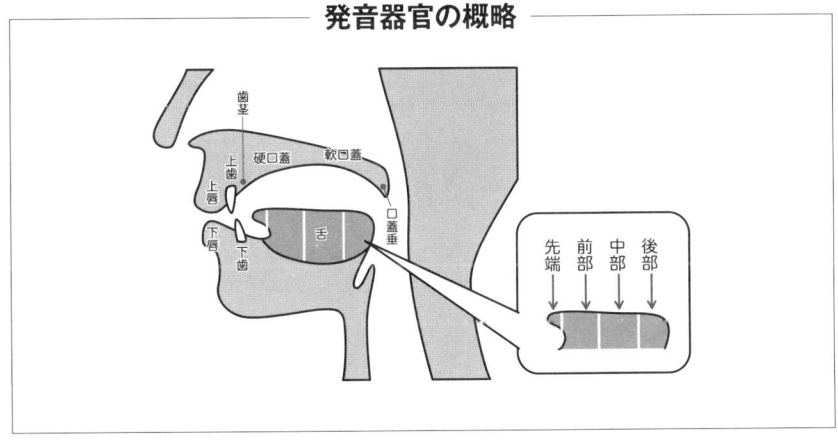

発音器官の概略

　発音をする際にコントロールすることが可能なのは、唇および舌全体の縦横の動き、舌の前部および先端の動きです。舌の後部および中部の動きはきわめてコントロールしにくいものです。また呼気の流れの強さおよび長さは

コントロール可能です。

　ロシア語の具体的な発音の学習にとりかかるのは、舌や唇などの動かし方と調音に固有の状態をすべて学んだ後のほうが望ましいと思われます。ロシア語の発音学習には、いわゆる「調音体操」（⇒ p.1）と呼ばれるものがあり、これによって舌や唇などの意識的な動かし方を学ぶことができるようになります。

　唇の使い方は、感じるだけでなく、視覚的に観察することもできます。多くの場合、鏡を使った練習が役立ちます。特にロシア語の б [b] と в [v] の差、また м [m] と н [n] の習得や、л [l] の発音の際の舌の先端の状態も鏡によって確かめることができます。

　最後に、ロシア語発音の口つきの重要な特性の一部として、次のようなものがあることをご紹介しておきます。

1. 舌の先端を下げたまま、舌全体は水平な動きになることが多い。
2. ロシア語の子音の発音は、その大部分が口腔の前方部分を使って行われる。
3. ロシア語発音では、舌の後部から舌の前部へ、またその逆に前部から後部へと、調音の切り替えが容易に行われる。

こうした特性の一つ一つについては、本文で詳しく見ていきましょう。

Introduction
ロシア語発音の
ための調音体操

　実際のロシア語の発音に移る前に、ロシア語の口つきを作りやすくするための「調音体操」を紹介します。発音練習の前に、鏡を見ながら毎回行ってもよいでしょう。

1 唇を両側に広げる。

2 唇を丸めて、少し前に突き出し、その後、もう少し強く丸めて突き出す。

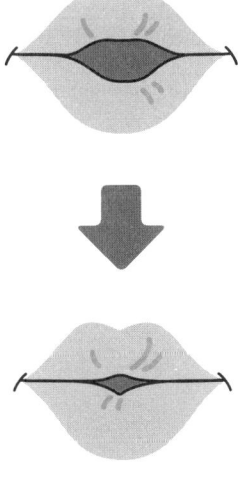

❸ 唇を閉じ、呼気の力でそれを開く。

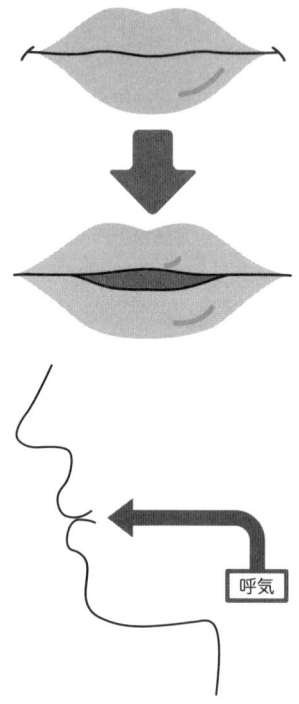

❹ 上唇を少し持ち上げ、下唇をほんの少し内側に引き込み、上前歯に軽く触れるまで近づけ、呼気の流れを上下の唇の隙間に送る。

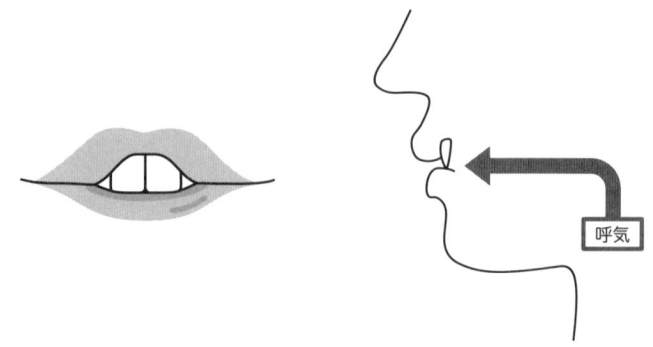

5 舌の先端を下ろしたまま、舌全体を後ろに引き、その後、前に出す。

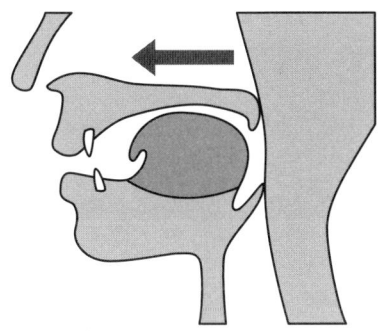

同じことを舌の先端を上げたまま行う。

6 舌の先端を下げ、軽くそれを下の歯に押しつけ、その後、舌の前部で上歯茎との間を閉鎖する。

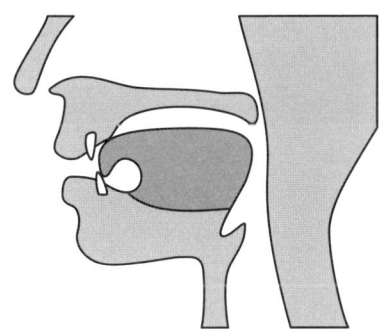

　調音体操でロシア語の口つきを作ったところで、実際の発音を学んでいきましょう。日本語話者である私たちにとって発音しやすい音を持つ文字から順に学んでいきます。

Section 1　母音　a [á]

TRACK1-1

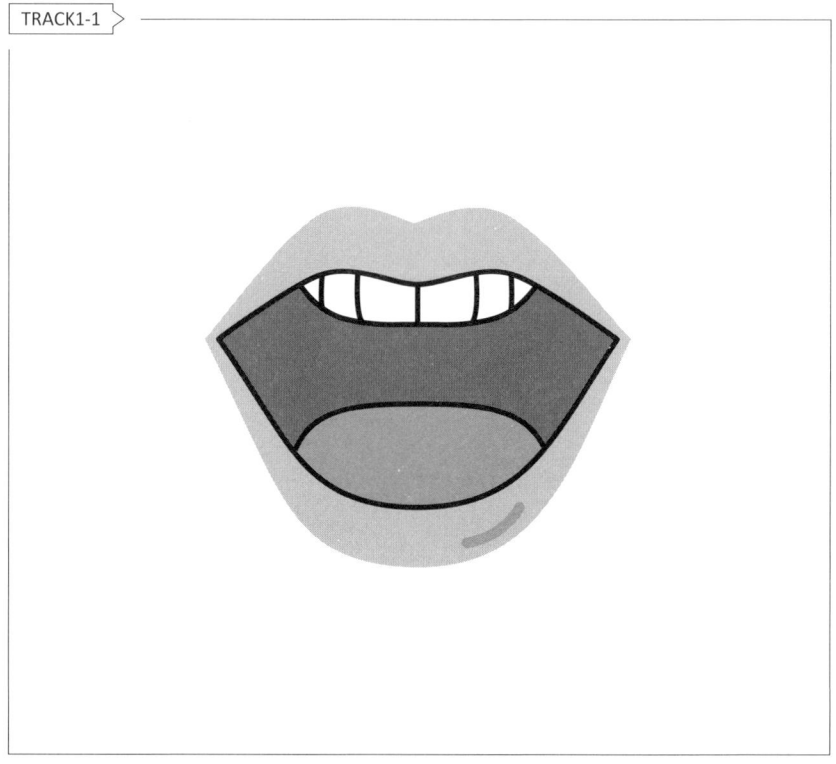

　ロシア語の母音 a [á] は、発音の口つきという点では、日本語の「ア」とほぼ同じです。a [á] の発音の際、舌は下方にあり、唇は自然に広く開きます。唯一の違いは、ロシア語ではこの母音は、舌をより前方に出して発音する点です。CD を聴き、鏡を見ながら発音を練習してみましょう。

Section 2　子音　п [p], м [m], ф [f]

いずれも、日本人にとっては発音しやすい子音です。

① 子音　п [p], м [m]

TRACK1-2

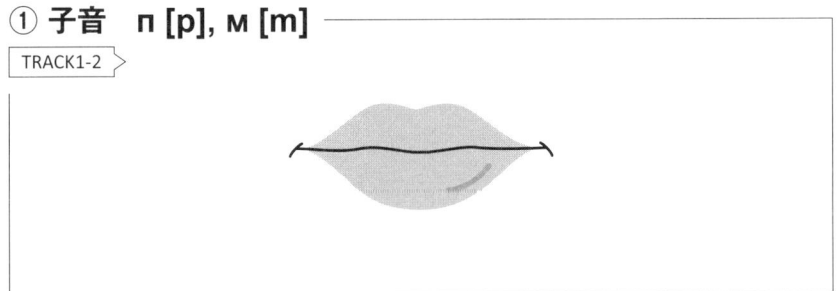

п [p], м [m] を発音するには、唇を閉じ、それを呼気の力で開きます。п [p] の発音のほうが、より強い呼気の力が必要となります。

② 子音　ф [f]

TRACK1-3

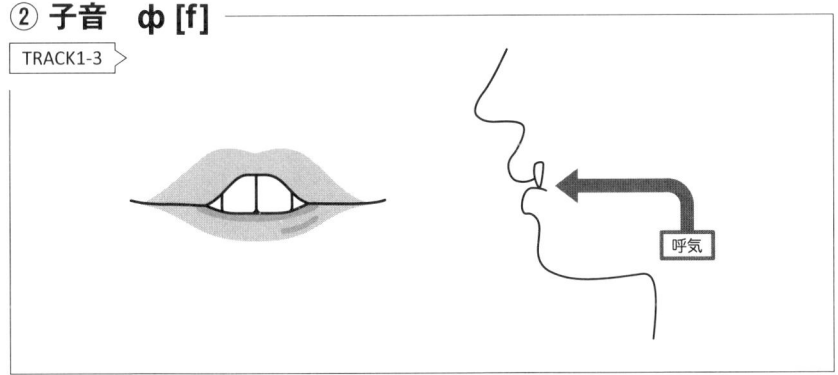

呼気

ф [f] の発音に際しては、上の前歯2本が下唇と軽く接触し、呼気の流れがこの隙間を通ります。この際、上唇が少し持ち上がっていることが必要で、上下の唇が閉じていてはいけません。さもないと п [p] に近い音になってしまいます。また、ほんの少し下唇を内側に引き込みます。

この発音の口つきは、鏡を見ながら調節することができます。

発音練習

ここまでに学んだ発音を練習してみましょう。音声を聴きながら、いっしょに発音しましょう。

TRACK1-4

а... па... ап... па-ап-пап... ма-ам-мам...
фа-аф... фа-аф-фаф... фа-па... ап-аф...

Section 3　子音　т [t], н [n], с [s]

① 子音　т [t], н [n]

TRACK1-5

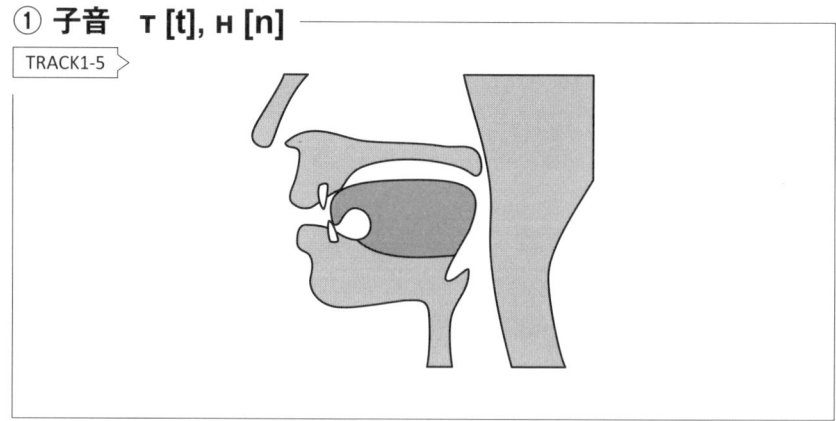

т [t] と н [n] の発音の際、舌の先端は下がり、下の歯に軽く押しつけられます。一方、舌の前部は上歯茎に押しつけられます。そして呼気の流れの圧力によってその閉鎖が解かれます。

発音器官のこうした状態は、ロシア語の発音の口つきに特有のもので、英語の t とは異なります。英語の場合は、舌の先端が上歯茎にぶつけられるのが特徴です。

т [t] の発音の際の呼気の強さは、英語の t の場合より弱く、帯気音を伴わず、

むしろ日本語の「タ」の子音に近い音です。

② 子音　с [s]

TRACK1-6

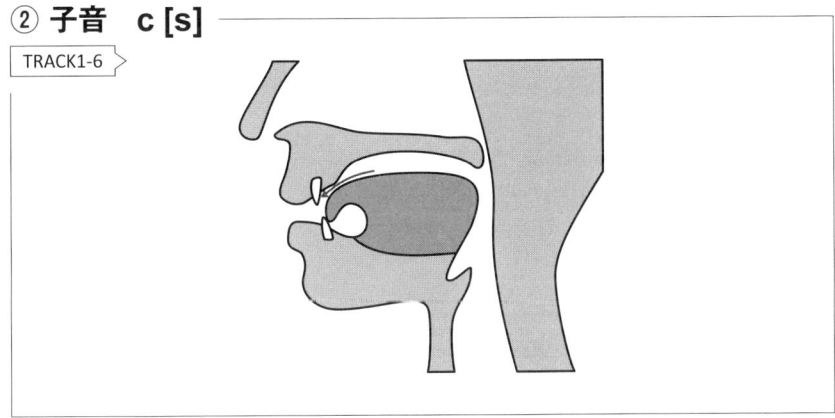

　с [s] の発音の際、舌の先端は、т [t], н [n] の発音のときと同じ形になり、呼気の流れは舌の前部と上歯茎の間を通ります。

③ н [n] の発音が問題になる場合

н [n] の発音の際の唇の形

　н [n] が語末に置かれたり、唇で出す子音の前に置かれる場合、н [n] の発音は問題になるかもしれません。なぜなら、こうした位置では、日本語の「ン」は「チャワン」「カンパイ」のように、舌の前部が上歯茎に押しつけられず、鼻に抜ける音になってしまうからです。ロシア語には、こうした例はありません。

日本語の「ン」の発音では、ロシア語と違い、唇が閉じられています。н [n] の発音の際には、意識的に唇を軽く開くようにしましょう。

発音練習

TRACK1-7

та-ат-тат... на-ан... ан-нан... ам-ан... са-ас-сас...
та-на-са... тат-нан-сас...

Section 4　母音　о [ó]

TRACK1-8

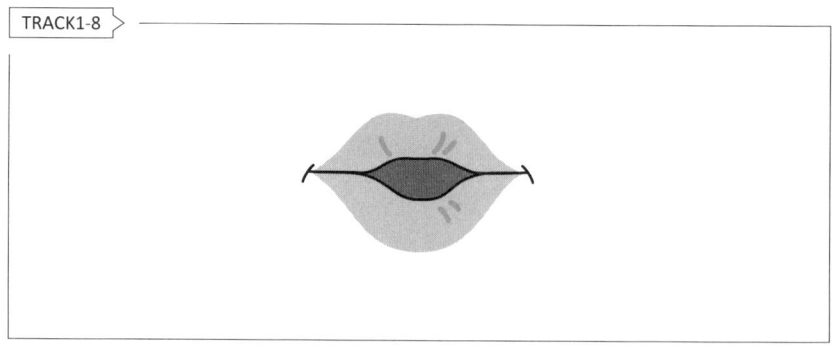

　о [ó] の発音の際、唇は丸められ、前に突き出されます。しかも唇の形は о [ó] に先立つ子音を発音する前から上記のようになっています。たとえば сон [són] において、с [s] の音を発音する前から既に口は о [ó] を発音する形になっているということです。

　日本語には、このように唇を丸めて突き出す発音はほとんどなく、唯一の例は、ロシア語の о [ó] に相応する「オ」です。たとえば「**オ**ト」、「**オ**カ」などがそれに当たります。

　その発音の場合でも、唇の丸め方はロシア語の о [ó] の場合よりずっと控え目なものです。それゆえ、ロシア語の о [ó] の発音には注意しなければなりません。

発音練習

TRACK1-9

о... по-оп... фо-оф... мо-ом... но-он... то-от... со-ос...

Section 5　母音　у [ú]

TRACK1-10

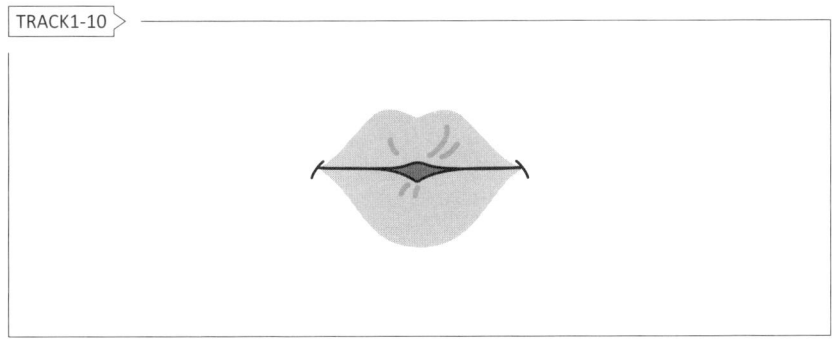

　у [ú] の発音の際、舌は後ろに引かれ、唇は丸められ、強く前に突き出されます。

　日本語の「ウ」の音は、唇を丸めて前に突き出すことなく、むしろ発音の際に唇が微かに両脇に広がるほどです。ロシア語話者には、日本語の「ウ」は、у [ú] と ы [ɨ]（⇒ p.24 参照）の中間的な音に聞こえます。ですから、у [ú] の発音の際の口つきには特に注意しなければなりません。

　о [ó] の発音の時と同様、у [ú] に先立つ子音の発音においても、既に口は、上記のような у [ú] の発音の際の形になっています。

発音練習

TRACK1-11

у... пу-уп... му-ум... ну-ун... ту-ут... су-ус... фу-уф...
по-уф... ом-ун... от-ус... сто-сту... спо-спу... сно-сну...

Section 6　アクセント

1. ロシア語のアクセント

　ロシア語の単語は、いくつかの音節に分けられます。各単語には、アクセントのある音節が原則として一つだけあり、残りの音節にはアクセントがありません。アクセントのない音節は、アクセント前音節と、アクセント後音節に分かれます。

TRACK1-12

①アクセントのある音節

　アクセントのある音節の母音は、英語のように**強くはっきり**発音されるだけでなく**長く伸ばして**発音されます。

②アクセントのない音節

　アクセントのない音節の母音には弱化が起こります。この弱化は、

　①量的なもの（調音がより短く弱くなる）
　②質的なもの（発音の口つきの特性そのものが異なってしまう）

の両方があります。以下で詳しく見てみましょう。

2. 母音の弱化

　母音の弱化には二段階あります。

1. 第一段階の弱化は、**アクセントのある音節の直前の音節**および、**語頭のアクセントのない音節**で見られます。

2. 第二段階の弱化は**その他すべてのアクセントのない音節**で見られます。

まずは母音 o と a の弱化について考えましょう。

3. 母音 o と a の弱化

母音 o と a は、アクセントがある場合のみ、発音に差が生じます。アクセントがない場合は、母音の弱化が起こり、o と a は同じ音になります。

①第一段階の弱化

アクセントのない o と a がアクセントのある音節の直前、または語頭にある場合において、第一段階の弱化が起こります。

その際、アクセントのない o と a は、両方とも、[a] と発音されます。その音はアクセントのある a [á] に近いものですが、より弱く短く発音されます。

TRACK1-13

例 онó [anó] それ　потóм [patóm] あとで

②第二段階の弱化

その他のすべてのアクセントのない o と a では、第二段階の弱化が起こります。

その際、アクセントのない o と a は、[a] に比べてさらに口の開きが狭く、曖昧で弱い母音になります。発音記号では、[ə] と表記します。

TRACK1-14

例 потомý [pətamú] それゆえに　кóмната [kómnətə] 部屋

母音 и, я, е の弱化については、のちほど説明します (⇒ p.70 参照)。

発音練習

アクセントに気をつけながら、発音練習をしましょう。

TRACK1-15

1. та... та́та... тата́... та́тата... тата́та... татата́...

TRACK1-16

2. та сам... он... мост...
та́та ма́ма... па́па... пу́сто...
тата́ сама́... она́... пото́м...
та́тата ко́мната
тата́та опа́сно
татата́ потому́... на мосту́... пустота́...

単語と訳

сам 自身（男性形）
он 彼
мост 橋
ма́ма ママ
па́па パパ
пу́сто からっぽだ、むなしい
сама́ 自身（女性形）

она́ 彼女
пото́м あとで
ко́мната 部屋
опа́сно 危険だ
потому́ それゆえに
на мосту́ 橋の上で
пустота́ むなしさ

TRACK1-17

3. сам − сама́... том − тома́... он − она́... пото́м − потому́... мост − на мосту́... пу́сто − пустота́...

単語

том, тома́（書物の）巻（単数、複数）

Section7 母音 и [í], э [é]

Section 7　母音　и [í], э [é]

TRACK1-18

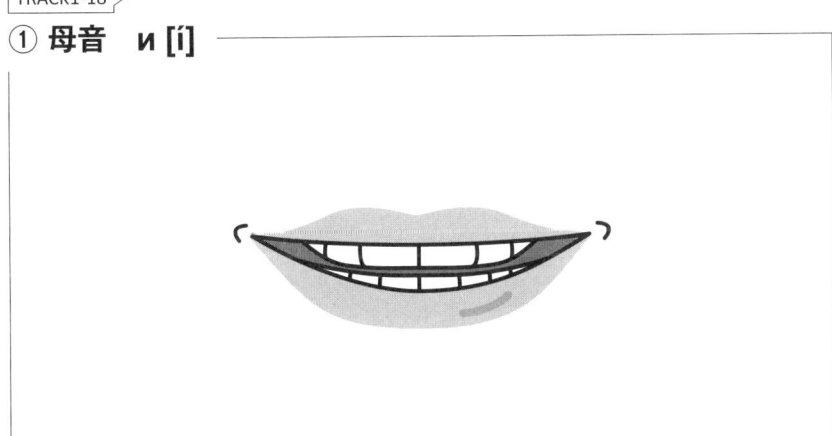

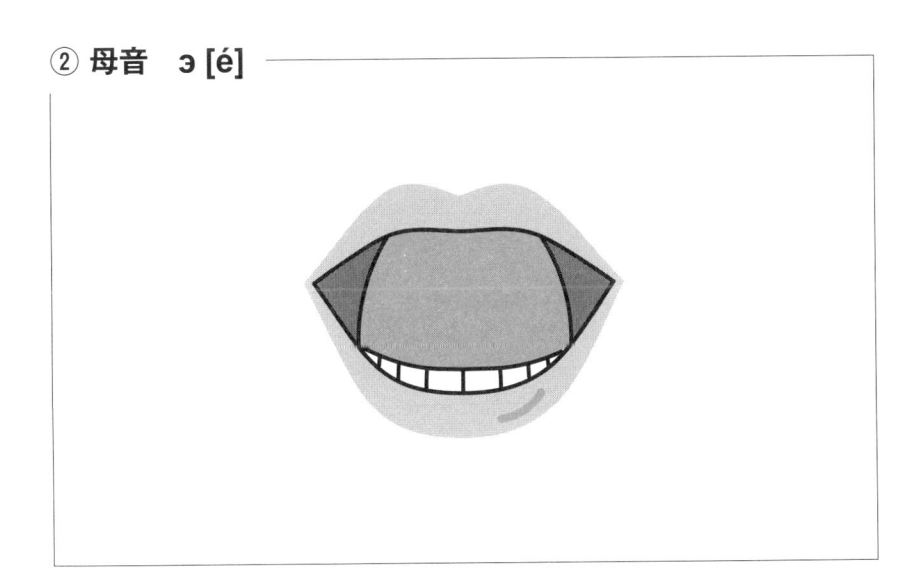

① **母音　и [í]**

② **母音　э [é]**

и [í] と э [é] は、それぞれ日本語の「イ」と「エ」の音に近く、発音は難しいものではありません。日本語の「イ」と「エ」に比べて、より大きく口を動かし、はっきりと発音するようにしましょう。

発音練習

TRACK1-19

и… им… ит… стои́т… стои́м… мой… э… эм… э́то… э́тот… поэ́тому… ит-эт…

単語

стои́т「立っている」(стоя́ть) の三人称単数形
стои́м「立っている」(стоя́ть) の一人称複数形
мой「私の」(мой) の複数形
э́то これは
э́тот この
поэ́тому ゆえに

Section 8　ロシア語のイントネーション

1. イントネーションの型

　イントネーションは、音声を使った発話の中で、文の意味や話し手の意図を表すのに重要な役割を果たします。ロシア語のイントネーションは、文中で意味の中心となる単語のアクセントのある音節を境に音調が変化します。

　ロシア語には、基本的なイントネーションの型が大きく分けて7つありますが、本書では中心的な5つの型を学びます。

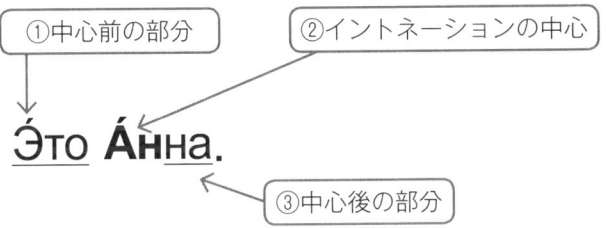

　それぞれのイントネーションの型は、①中心前の部分、②イントネーションの中心、③中心後の部分から成ります。

　イントネーションの中心は、ふつう一つの音節から成ります。このイントネーションの中心は、最も重要な情報を伝える単語の上に置かれます。

　中心前の部分および中心後の部分は、一音節の場合もあれば、多音節、また複数の単語から成ることもありますが、それらは続けて一気に発音されます。

2. アクセントとイントネーション

　ロシア語のアクセントは、既に学んだように、音の**強さ**と**長さ**で表すのに対して、イントネーションは、イントネーションの中心、つまり文中の意味の中心となる単語のアクセントのある音節を境に、**文の音調（メロディ）に高低の差**をつけます。

　日本語のアクセントは「山　ヤマ」「箸　ハシ」のように、高低差で表しますが、ロシア語の場合は、アクセントのある音節の母音を「強くはっきり長めに」発音します。一方、ロシア語のイントネーションは、文の意味によって、

文全体の高低の音調が変化します。この音調が切り替わる箇所を**イントネーションの中心**といいます。イントネーションの中心は、文の中で最も重要な情報を伝える単語のアクセントのある音節に置かれます。

　日本人のロシア語学習初心者は、ロシア語のアクセントとイントネーションを混同しやすいので、注意しましょう。

3. イントネーションの型1　ИК-1

TRACK1-20

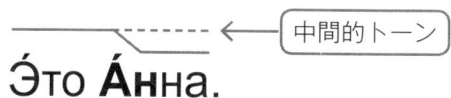

これはアンナです。

　5つあるイントネーションの主要な型のうちの一つ目を学びます。ロシア語では интонациóнная констрýкция-1 と言い、略して **ИК-1** と呼ばれます。この型のイントネーションは**平叙文**において最も典型的に使われます。

　イントネーションの中心より前の部分は、中間的なトーンで発音されます（この「中間的なトーン」は、話者によって個人差があります）。イントネーションの中心（文中の意味の中心となる単語のアクセントのある音節）で、音調は下がり、そのまま文末まで続きます。

　ИК-1 のイントネーションの中心は、つねに新しい情報を伝える単語の上に置かれます。

Section8　ロシア語のイントネーション

発音練習

イントネーションに気をつけて、以下の例文を読んでみましょう。

TRACK1-21

Э́то мост. Э́то Антóн. Э́то А́нна. А́нна стои́т.

А́нна стои́т на мосту́. И Антóн стои́т на мосту́.

これは橋です。これはアントンです。これはアンナです。アンナは立っています。アンナは橋の上に立っています。アントンも橋の上に立っています。

Section 9　子音　к [k], х [x]

① 子音　к [k]

TRACK1-22

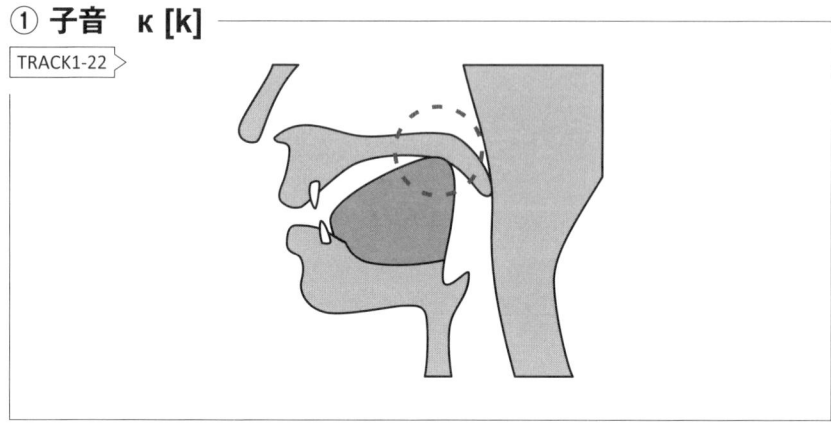

к [k] の発音の際、舌の後部と口蓋（上あご）後部の間は閉じられます。日本語のカ行の子音を発音する際と同じです。

発音練習

TRACK1-23

ка-ак... ко-ок... ку-ук... ук-ик...
так... как... сок... стака́н... ко́мната...

単語

так そのように　　　стака́н コップ
как どのように　　　ко́мната 部屋
сок ジュース

② 子音　x [x]

TRACK1-24

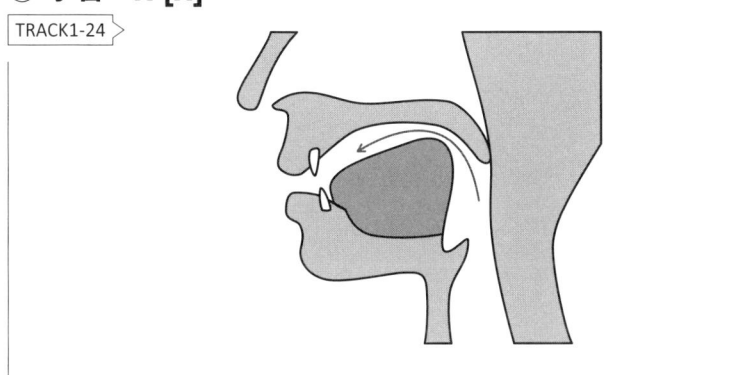

　ロシア語の子音 x [x] の発音は、これに相応する英語の子音 h とも、日本語のハ行の子音とも異なります。日本語のハ行の子音は、たとえばガラスを曇らせるために息を吹きかけるときの音に似ています。

　ロシア語の x [x] の発音の際は、舌の後部と軟口蓋（上あごの奥の部分）の間の隙間は、ずっと狭くなり、その結果、より強い音が出ます。

　特に注意を要するのは、xy [xú] の発音です。なぜなら日本語のハ行の子音は、母音 [ú] の前では上下の唇で発音する、ロシア語の ф [f] に似た音になるからです。日本人はまた x [x] が語末にくる際も、同じように ф [f] のように発音してしまいます。

　x [x] の音は、日本語の「フ」とはまったく異なる音です。唇で発音するのではなく、むしろ к [k] を発音する際の口つきに近い口つきで発音します。ただし舌の後部と軟口蓋との間を完全に閉じるのではなく、狭い隙間を開けて、そこに息を通して発音するのです。

発音練習

TRACK1-25

ха-ах... хо-ох... ху-ух... их...
ка-ха... ак-ах... ко-хо... ок-ох... ку-ху... ук-ух...

例文

次の文を、発音とイントネーションに気をつけて読んでみましょう。

TRACK1-26

Это ко́мната. Это окно́. Это су́мка.

これは部屋です。これは窓です。これはバッグです。

Section 10　子音　[j]

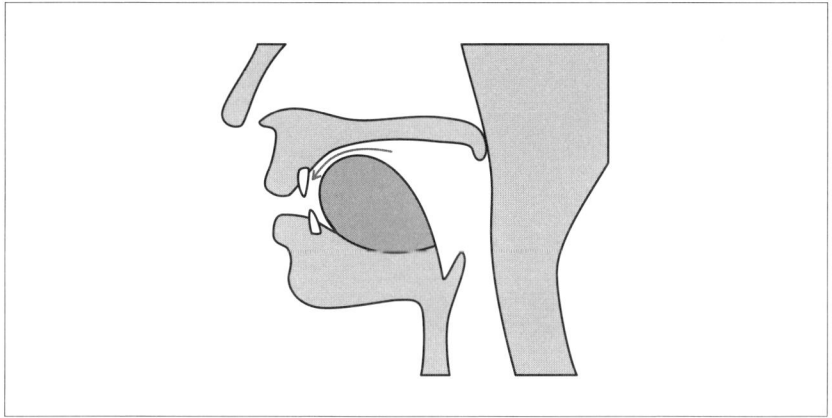

この子音は、さまざまな文字で表すことができます。

① 文字　я [já], ю [jú], е [jé], ё [jó]

TRACK1-27

　文字 я [já], ю [jú], е [jé], ё [jó] は、語頭か母音の直後での子音 [j] と母音の結合を表します。

TRACK1-28

例 яма [jámə] 穴　мою [majú] 私の（女性単数対格）

② 軟音記号 ь と硬音記号 ъ

　軟音記号 ь と硬音記号 ъ の 2 文字は、子音の後でかつ母音の前に置かれると、[j] の音を伝え、子音と母音の発音を分離します。

TRACK1-29

例 пью [pjú] 飲む（пить の一人称単数形）
　　съем [sjém] 食べる（съесть の一人称単数形）*

*с [s], п [p] に [j] が結合する場合は、с と п は、硬音としても軟音としても発音できます。軟音記号と子音の軟化については後に学びます。今は、[j] の発音だけに注意を払って、発音練習してください。

発音練習

TRACK1-30

я... е... ю... ё...
я́сно... моя́... моё... я пою́... я ем...

単語

я́сно 明らかだ
моя́ 私の（女性単数）
моё 私の（中性単数）
я пою́ 私は歌う
я ем 私は食べる

例文

TRACK1-31

Я пою́. И он поёт. Я пью сок. И она́ пьёт сок.
私は歌う。彼も歌う。私はジュースを飲む。彼女もジュースを飲む。

Section10 子音 [j]

③ 文字 й [j]

文字 й [j] は母音の後では、緊張しない弱い [i] として発音されます。

発音練習

TRACK1-32

ой... ай... эй... мой... май... какóй... какáя...

単語

ой おお
ай ああ
эй おい

мой 私の（男性単数）
май 5月
какóй, какáя どんな（男性単数、女性単数）

例文

TRACK1-33

Э́то мой стакáн. Э́то моя́ кóмната. Э́то моё окнó.
これは私のコップです。これは私の部屋です。これは私の（部屋の）窓です。

Section 11　母音　ы [ɨ]

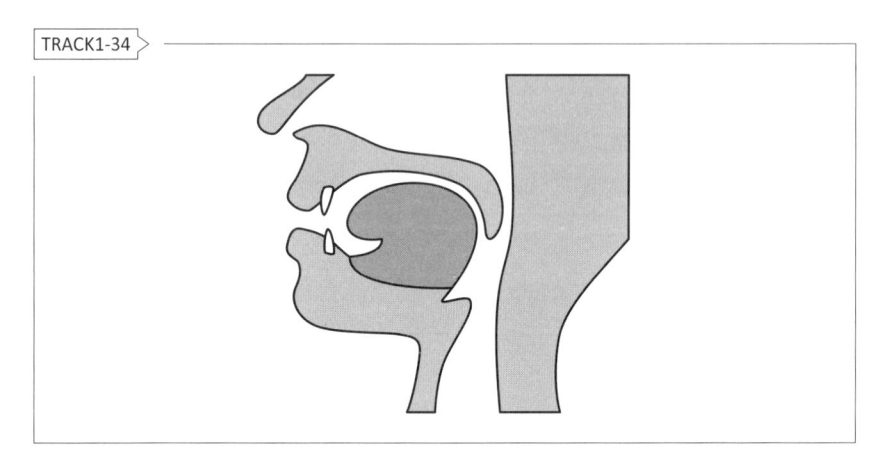

TRACK1-34

　この母音に相応する発音は、日本語にも英語にもありません。子音の硬・軟に関する概念を形成するために非常に重要な母音ですので、特に注意する必要があります。ы [ɨ] の発音の際は、舌全体を後方に引き、舌の先端も後方に引きます。唇は自然に開き、動かさないようにします。

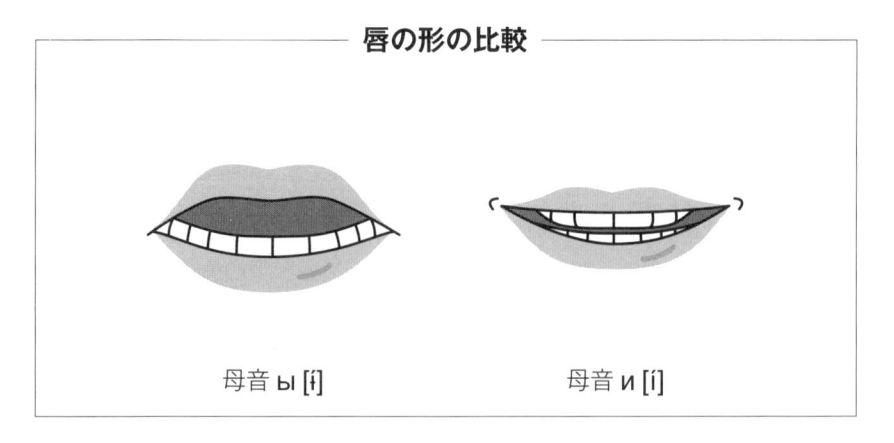

唇の形の比較

母音 ы [ɨ]　　　　　　母音 и [i]

　そしてこれらすべての調音（口つき）の要素は、自分で感じられるものであり、コントロール可能です。

Section11　母音　ы [ɨ]

　母音 ы [ɨ] を発音する際、補助音として、子音 к [k] を利用するのも良い方法です。к [k] の音は、舌を後方に引き、舌の後部を緊張させるのに役立つからです。

　母音 ы [ɨ] と、口腔の前方で調音される歯音 (舌先を上の前歯の裏側に当てて発音する子音) т [t], д [d], н [n] などとの結合のほうがはるかに難しいものです。なぜなら歯音の発音の後、直ちに舌を後方へ引かなければならないからです。

　もう一つ注意しなければならないのは、ы [ɨ] の発音の際、唇を動かしてはならないという点です。外国人は、ы [ɨ] の発音の最初に唇を丸めてしまい、そのために余計な [ú] の音が加わってしまうケースがよく見られます。この間違いは、鏡で自分の口つきを観察することによって簡単に回避できます。

発音練習

TRACK1-35

кы - кты - ты... кы - кны - ны... ны... ты - ны... ксы - сы... сы... ны - сы... фы... пы... фы - пы... мы... ны - мы...

例文

TRACK1-36

Я пью тома́тный сок. И он пьёт тома́тный сок. Мы пьём тома́тный сок.
私はトマトジュースを飲む。彼もトマトジュースを飲む。私たちはトマトジュースを飲む。

接続詞 и の発音

①接続詞 и が文字通り発音される場合
母音で終わる単語の後、接続詞 и は、書いてあるとおりに発音されます。

TRACK1-37

例 она́ и ты（彼女と君）

発音練習

TRACK1-38

и - ы... ы - и...

мы и ты... ты и мы... она́ и ты... ты и он...
私たちと君、君と私たち、彼女と君、君と彼

②接続詞 и が ы のように発音される場合
硬子音で終わる単語の後では、間を置くことなく接続詞 и は ы のように発音されます（軟子音の場合は⇒ p.73 参照）。

TRACK1-39

例 он и ты（彼と君）

発音練習

TRACK1-40

он и ты... он и я... суп и сок...
彼と君、彼と私、スープとジュース

Section 12　子音　ш [ʃ]

① 子音 ш [ʃ] の発音

TRACK1-41

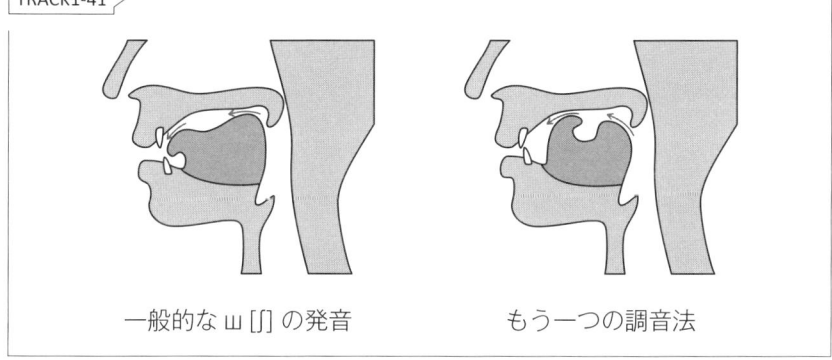

一般的な ш [ʃ] の発音　　　もう一つの調音法

　子音 ш [ʃ] はつねに硬子音です。子音 ш [ʃ] を発音する際は、大多数の子音の発音と異なり、口腔に２つの隙間ができます。１つ目の隙間は、舌の前部が上がり歯茎に近づく結果、形成されます。２つ目の隙間は舌の後部と軟口蓋の間に形成されます。この際、重要なことは、舌の中部はくぼんでいる点です。つまり、横から見れば、舌はスプーンのような形になっているわけです。
　ш [ʃ] の調音にはもう一つの作り方があります。
　舌の中部が盛り上がることを避けるためには、舌の先端が上がり後ろの軟口蓋の方にそった形の調音タイプを使うことができます（右図参照）。その際、１つ目の隙間は舌の前部と硬口蓋の間に形成されます。
　こうした状態では、舌の中部は硬口蓋のほうに持ち上がることはできず、くぼんだままになります。
　ш [ʃ] の発音は大変難しく、日本語的なまりを矯正するのが最も困難な、典型的な例の１つです。この音に対応する日本語の「シ」の発音でも、舌の前部と歯茎の間に隙間ができます。しかし、第一に、これがたった１つの隙間であり、第二に、舌の中部が硬口蓋のほうに盛り上がっているために、この子音の音は軟らかい印象を与えます。また、この子音に相応する英語の子音も、ロシア語話者にとっては、ロシア語に比べて軟らかい音に聞こえます。

子音 ш [ʃ] の発音の唇の形

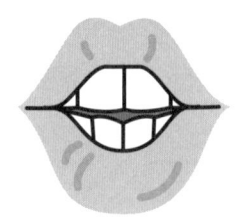

② 補助音を使った発音

　ш [ʃ] の調音の際の口腔後部の２つ目の隙間を作るためには、補助音として к [k] を使うことができます。к [k] の音の後では舌の後部が自然に上に盛り上がりやすいからです。

　ш の発音を練習する際には、手はじめに、ш [ʃ] を ы [ɨ] の前に置いて発音してみるとよいでしょう。子音 ш [ʃ] はつねに硬子音であることを頭に入れておいてください。е, ё, и, ь が ш [ʃ] の後に続いても、ш [ʃ] は軟化されず、つまり、ши と шы は同じ音として発音されます (「軟子音」については p.60 参照)。

TRACK1-42

例 шúшка [ʃíʃkə] 松ぼっくり

発音練習①

TRACK1-43

кши-ши... кша-ша... ша... кшо-шо... шо-ша... кшу-шу... шу... шо-шу... ши-ыш... ша-аш... шо-ош... шу-уш... шью... шьёшь... шáпка... наш... нáша... нáши... шýтка... шéя... машúна... ты ешь... ты пьёшь... ты поёшь... шкаф... шкафы́...

Section12　子音 ш[ʃ]

単語と訳

шью, шьёшь 縫う（шить の一人称単数、二人称単数）
ша́пка 帽子
наш, на́ша, на́ши 私たちの（男性単数、女性単数、複数）
шу́тка 冗談

ше́я [ʃéjə] 首
маши́на 車
ты ешь 君は食べる
ты пьёшь 君は飲む
ты поёшь 君は歌う
шкаф, шкафы́ 戸棚（単数、複数）

例文①

TRACK1-44

Э́то на́ша ко́мната. Э́то на́ши ко́мнаты.
これは私たちの部屋です。これは私たちの部屋（複数）です。

発音練習②

子音 с [s] と ш [ʃ] の発音に気をつけて、発音練習をしましょう。

TRACK1-45

са - ша... ас - аш... су - шу... ус - уш... со - шо... ос - ош...
сы - ши... ис - иш...

例文②

TRACK1-46

Са́ша пьёт сок. И Ната́ша пьёт сок. Там стои́т на́ша маши́на.
サーシャはジュースを飲む。ナターシャもジュースを飲む。あそこに私たちの車が止めてある。

Section 13　イントネーションの型2　ИК-2

TRACK1-47

← 中間的トーン

Каќой сок ты пьёшь?

（どんなジュースを飲んでいるの？）

1. 疑問詞を伴う疑問文

ИК-2 を使う最も典型的な例は、**疑問詞を伴う疑問文**です。その際、ИК-2 のイントネーションの中心は、**疑問詞のアクセントのある音節**、または文の中で**一番強調したい単語のアクセントのある音節**に置かれます。

イントネーションの中心のアクセントのある音節より前の部分は、中間的音調よりやや高めの音調で発音されます。イントネーションの中心の部分ではやや音調を上げ、語のアクセントをやや強調して発音します。イントネーションの中心部分より後では、音調は下がりますが、ИК-1 の場合ほどは下がりません。

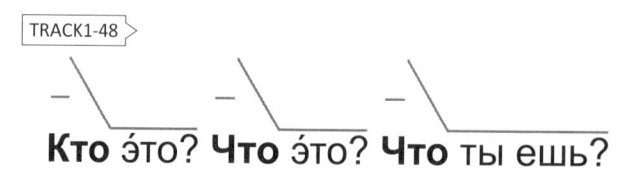

TRACK1-48

Кто э́то?　Что э́то?　Что ты ешь?

これは誰ですか？　これは何ですか？　君は何を食べているの？

Что ты пьёшь?　Каќой сок пьёт Нат́аша?

君は何を飲んでいるの？　どんなジュースをナターシャは飲んでいるのですか？

*что の ч は ш [ʃ] として発音されます

2. 呼びかけや叫び、要求を表す

ИК-2 は、呼びかけや叫び、要求を表す場合にも使われます。これらの場合、イントネーションの中心部分では、音調はよりはっきりと高まります。

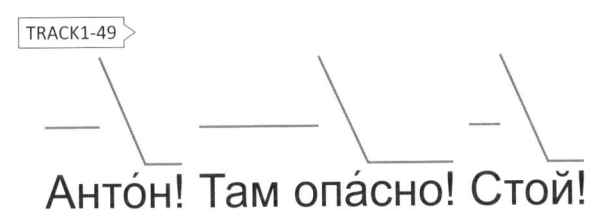

TRACK1-49

Антóн! Там опáсно! Стой!

（アントン！ そこは危ないよ！ 止まれ！）

3. 語の意味の区別や語の対比を表す

ИК-2 は、特に口語では、非常にしばしば**語の意味の区別**、**語の対比**のために使われます。口語、特に対話では、ИК-2 は ИК-1 よりも頻繁に使われるほどです。

発音練習

1. 音声を聴きながら、同じ文をそれぞれ ИК-1 と ИК-2 で読んでみましょう。イントネーションの違いによって、文の意味が変わることにも注意しましょう。

TRACK1-50

ИК-1

Онá **там**.
彼女はあそこです。

Это **нáша** машúна.
これは私たちの車です。

Это **моя́** сýмка.
これは私のバッグです。

Это **томáтный** сок.
これはトマトジュースです。

ИК-2

Онá **там**!
彼女は（まさに）あそこです！

Это **нáша** машúна!
これは（まさに）私たちの車です！

Это **моя́** сýмка!
これは（まさに）私のバッグです！

Это **томáтный** сок!
これは（まさに）トマトジュースです！

2. イントネーションに気をつけて、以下の対話文を読んでみましょう。

TRACK1-51

— **Что** пьёт Ма́ша?　　　（マーシャは何を飲んでいるの？）
— Ма́ша пьёт **сок**.　　　（マーシャはジュースを飲んでいる）
— **Како́й** сок пьёт Ма́ша?（マーシャはどんなジュースを飲んでいるの？）
— Ма́ша пьёт **тома́тный** сок.（マーシャはトマトジュースを飲んでいる）
— А **что** ты пьёшь?　　　（で、君は何を飲んでいるの？）
— Я пью **компо́т**.　　　（僕はコンポートを飲んでいる）

＊компо́т コンポート、フルーツの煮汁に砂糖を入れた飲み物

練習問題 1

例にならって、次の文が答えになるような疑問文を考え、発音しましょう。太字の部分を尋ねる表現にしましょう。

TRACK1-52

例 Я ем **суп**. – Что ты ешь?
　　私はスープを飲んでいる。— 君は何を食べているの？

＊ロシア語では、スープは「飲む」のではなく「食べる」という動詞を使う

1. Я пью **сок**.（ты を使って）
2. А́нна пьёт **тома́тный** сок.
3. Анто́н пьёт **тома́тный** сок.
4. **Анто́н** пьёт тома́тный сок.
5. **Ма́ша** пьёт компо́т.
6. Ма́ша пьёт **компо́т**.

> 訳

1. 私はジュースを飲んでいる。
2. アンナはトマトジュースを飲んでいる。
3. アントンはトマトジュースを飲んでいる。
4. アントンはトマトジュースを飲んでいる。
5. マーシャはコンポートを飲んでいる。
6. マーシャはコンポートを飲んでいる。

> 答え

1. Что ты пьёшь?（君は何を飲んでいるの？）
2. Какой сок пьёт Áнна?（アンナはどんなジュースを飲んでいるの？）
3. Какой сок пьёт Антóн?（アントンはどんなジュースを飲んでいるの？）
4. Кто пьёт томáтный сок?（誰がトマトジュースを飲んでいるの？）
5. Кто пьёт компóт?（誰がコンポートを飲んでいるの？）
6. Что пьёт Мáша?（マーシャは何を飲んでいるの？）

Section 14　子音　ц [ts]

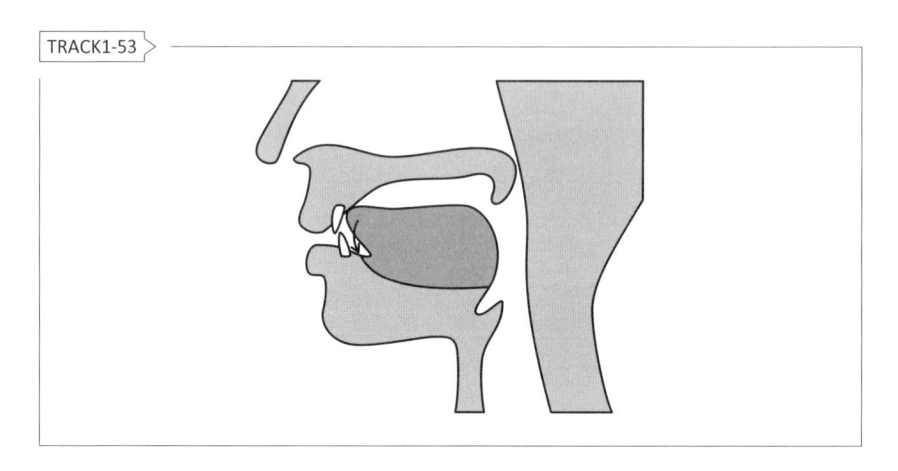

TRACK1-53

　この子音の発音は日本人にとって難しいものではありません。日本語の「ツ」の子音と同じです。この子音の調音の最初には、舌の前方部分が歯茎と密着し、[t] のような音を作ります。歯茎と舌の閉鎖はすぐさま解かれ、[s] を発音するときのように、隙間ができます。この際、舌の先端は下の歯の辺りにあります。
　子音 ц [ts] は、つねに硬音です。e, и が後にきても軟化されません。

TRACK1-54

例 цех [tséx] 工場内の作業場　цитáта [tsitátə] 引用
　　цéнный [tsénnij] 価値ある

　アクセントのない音節では、ц の後の e は ы [i] に近い音として発音されます。

TRACK1-55

例 ценá [tsiná] 価格、価値

Section14　子音　ц [ts]

発音練習

TRACK1-56
1. цо-яйцó... ца-яйцá... яйцó – я́йца...ценá... цитáта... нáция... интонáция...

TRACK1-57
2. са-ца... ша-са-ца... сы-цы-ши... шу-су-цу...

TRACK1-58
3. сок-яйцó... сын-ценá... яйцó-сто-что... нáша стáнция...

単語と訳

яйцó [jɪjtsó] 卵（生格形 яйцá [jɪjtsá]、複数主格形 я́йца [jájtsə]）*
нáция [nátsijə] 国民
интонáция [intanátsijə] イントネーション

сын 息子
сто 100
что 何
нáша стáнция 私たちの駅
（стáнция [stántsijə]）

＊アクセントのない я, е は位置によって発音が変わるのでとくに注意が必要です。詳しくは、p.70 を参照。

Section 15　有声子音の調音

ロシア語の子音には、発音するときに声帯の振動を伴う**有声子音**と、声帯が振動しない**無声子音**があります。そして、ロシア語では、無声子音と有声子音が対応のペアをなすものがあります。

無声子音	ф [f]	п [p]	с [s]	т [t]	к [k]	ш [ʃ]
有声子音	в [v]	б [b]	з [z]	д [d]	г [g]	ж [ʒ]

これらのペアの発音の特徴は、ペアをなす有声子音の調音（口つき）が、対応の無声子音のそれと同じになるということです。違いは、有声子音の発音の際は、声帯が震えるということだけです。まずは子音 в [v]-б [b] から見てみましょう。

Section 16　子音　в [v]-б [b]

① 子音　в [v]

TRACK2-1

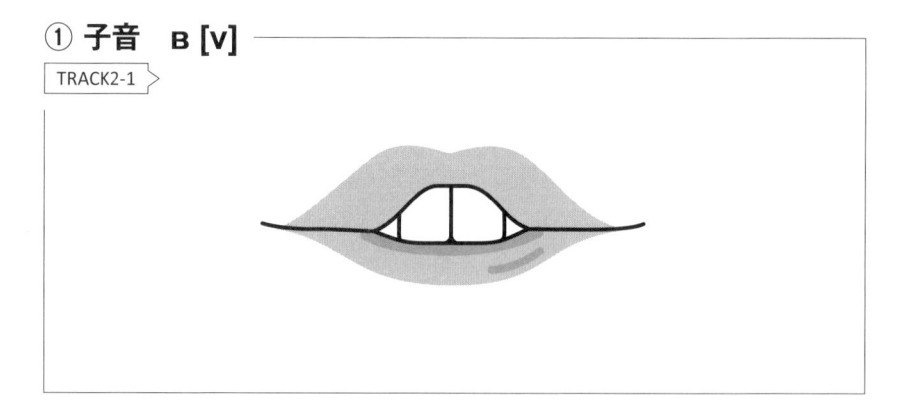

有声子音 в [v] の発音の口つきは、無声子音 ф [f] の場合と同じです。呼気の流れは上の前歯と下唇の間の隙間を通ります。

この音の有声子音と無声子音の対応は次のようになります。

Section16　子音　в [v] - б [b]

TRACK2-2　в [v] - ф [f]

発音練習

TRACK2-3

1. ва... ву... во... вы... ва - ву... во - ву... вы - ву - во... фа - ва...
фу - ву... вы - фы... во - фо...

TRACK2-4

2. ваш... ва́ша... вот... восто́к... но́вый... но́вая...
но́вый мост... но́вая су́мка...
твой... твоя́... твоё... твой сок... твоя́ ко́мната...
твоё окно́... его́*... её...

単語と訳

ваш, ва́ша あなたの（男性形、女性形）
вот ほら
восто́к 東
но́вый, но́вая [nóvəjə] 新しい（男性形、女性形）
но́вый мост 新しい橋
но́вая су́мка 新しいバッグ

твой, твоя́, твоё 君の（男性形、女性形、中性形）
твой сок 君のジュース
твоя́ ко́мната 君の部屋
твоё окно́ 君の（部屋の）窓
его́ [jɪvó] 彼の
её [jɪjó] 彼女の

＊所有代名詞、人称代名詞の его́ は [jɪvó] と発音されます

TRACK2-5

3. Э́то моя́ ко́мната... Э́то твоя́ ко́мната... Э́то его́
ко́мната...
Вот моя́ но́вая маши́на... Вот твоя́ но́вая маши́на...
Вот его́ но́вая маши́на... Вот её но́вая маши́на...
Вот твоё окно́... Вот его́ окно́... Вот её окно́.

これはわたしの部屋です。これは君の部屋だ。これは彼の部屋です。
ほらわたしの新しい車です。ほら君の新しい車だ。ほら彼の新しい車です。
ほら彼女の新しい車です。ほら君の（部屋の）窓だ。ほら彼の（部屋の）窓です。
ほら彼女の（部屋の）窓です。

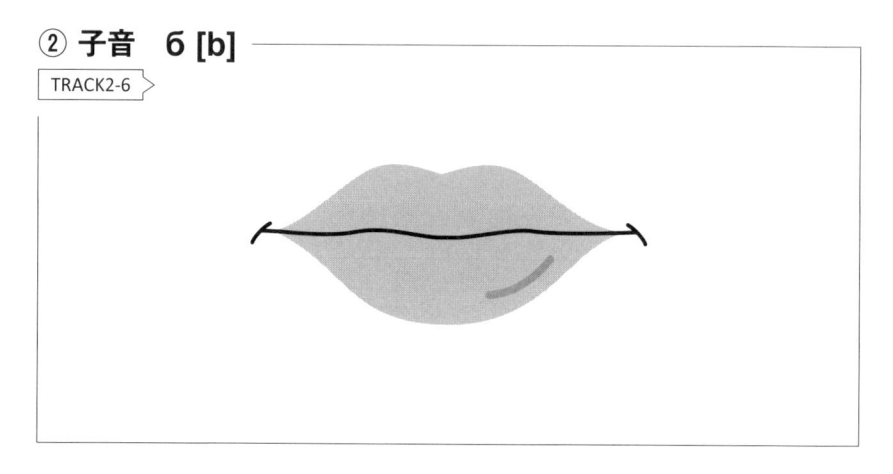

② 子音　б [b]

TRACK2-6

有声子音 б [b] の発音の口つきは無声子音 п [p] の場合と同じです。

TRACK2-7　б [b] - п [p]

　これらの口つきの基本的要素は、自分で感じてコントロールできるものなので、これらの子音の発音は特に問題はないはずです。にもかかわらず、これらの子音の発音やスペリングを、かなり困難に感じる人は多いでしょう。大多数の日本人は、в [v] と б [b] の音を訓練なしには聞き分けられず、これらの子音字を含む単語を、話す際も書く際も、混同しがちです。
　典型的な例は、動詞の быть（ある、いる）と выть（吠える）です。これらの動詞の発音は不定形（быть / выть）および過去形（был / выл など）では、語頭の子音によってのみ識別されるからです。
　子音 в [v] と б [b] の発音を練習する際には、鏡を見て、唇の形の差に注意を払い、またつねに発音される音がどちらの文字であるかをイメージすることをおすすめします。

Section16　子音　в [v] - б [b]

発音練習

б [b] と в [v] の区別に気をつけて、発音練習をしてみましょう。

TRACK2-8

ба... бо... бу... бы... бу‑бы... бу‑бо... ба‑бо... па‑ба...
пу‑бу... по‑бо... пы‑бы...
ба‑ва... бу‑ву... бо‑во... бы‑вы... соба́ка... суббо́та...
бу́ква...

単語

соба́ка 犬
суббо́та 土曜日
бу́ква 文字

Section 17　子音　з [z]

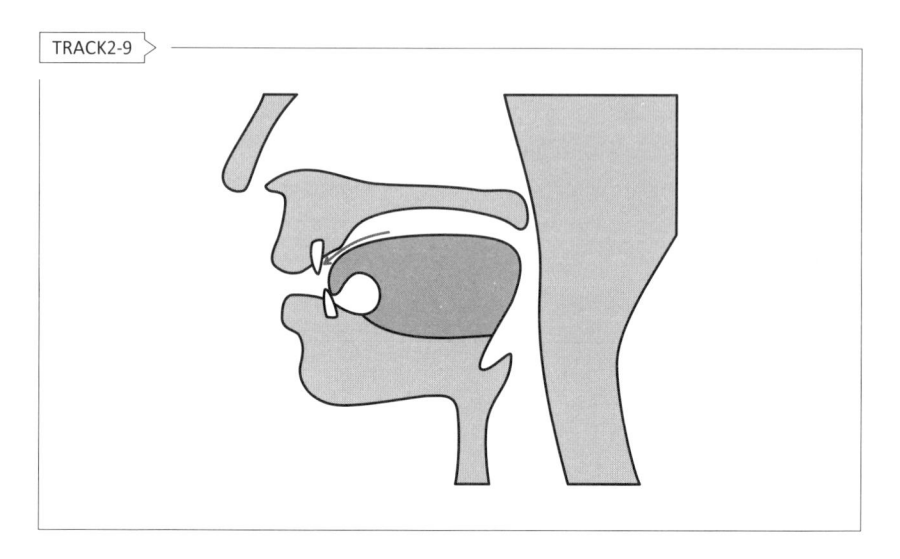

TRACK2-9

　有声子音 з [z] の発音の口つきは、無声子音 с [s] の場合とほぼ完全に一致します。
　しかし、日本語でこれに相応する「ズ」「ヅ」などの子音は、破擦音* です。日本語のこの子音を発音する際のはじめには、舌の前部がごく短い瞬間、上の歯に密着し、その結果、[d] の音がまず生じます。そこで、日本の名前や地名などをキリル文字で表記する場合は、「ズ」などの子音は、дз と表記します。日本語で「ズ」などの子音に [d] が含まれるのは、特に語頭や、[n] の後です。

例　「禅」дзэн　「万歳」бандзай

　日本語の語中の母音と母音の間では、念入りに発音する場合以外では、ロシア語の з [z] に一致する音が出されることもあります。そこで、з [z] の発音の練習は、まず、母音と母音の間に置かれた з [z] から始めるといいでしょう。
　舌の前部の動きはコントロール可能なものであり、舌の動きに注意を集中すれば、舌の前部を上の前歯に接触させずに з [z] を発音できるようになります。

Section17　子音 3 [z]

* 破擦音とは、破裂音（たとえば [d]）の後に、それと調音点を同じくする摩擦音（たとえば [z]）が同時的に続くもの。

発音練習

TRACK2-10

аза - за... за... зо... зу... зы...
са - за... со - зо... су - зу... сы - зы...
зу́бы... за́пах... зонт...
я зна́ю... знако́мый... знако́мая... звук... музыка́нт...

単語と訳

зу́бы 歯（単数形は зуб）
за́пах におい
зонт 傘
я зна́ю 私は知っている
знако́мый, знако́мая [znakóməjə] 知人（男性、女性）
звук 音
музыка́нт 音楽家

例文

TRACK2-11

1. – Кто э́то?　　　　　　　これは誰ですか？
   – Э́то моя́ знако́мая.　　これは私の知人（女性）です。
   – Как её зову́т?　　　　彼女の名前はなんですか？
   – Её зову́т Ната́ша.　　彼女はナターシャといいます。

2. – Кто э́то?　　　　　　　これは誰ですか？
   – Э́то мой знако́мый.　　これは私の知人（男性）です。
   – Как его́ зову́т?　　　　彼の名前はなんですか？
   – Его́ зову́т Ива́н.　　　彼はイワンといいます。
   – Кто он?　　　　　　　彼は何をしている人ですか？
   – Он музыка́нт.　　　　彼は音楽家です。

練習問題 2

例文を参考にしながら、例にならって、示された文が答えになるような疑問文を作りなさい。

TRACK2-12

例 Её зову́т А́нна. – Как её зову́т?
彼女はアンナといいます。— 彼女の名前はなんですか？

1. Её зову́т Ма́ша.
2. Её зову́т Ната́ша.
3. Его́ зову́т Са́ша.
4. Э́то мой знако́мый.（знако́мый を尋ねる文に）
5. Он музыка́нт.

訳

1. 彼女はマーシャといいます。
2. 彼女はナターシャといいます。
3. 彼はサーシャといいます。
4. これは私の知り合いです。
5. 彼は音楽家です。

答え

1. Как её зову́т?（彼女の名前はなんですか？）
2. Как её зову́т?（彼女の名前はなんですか？）
3. Как его́ зову́т?（彼の名前はなんですか？）
4. Кто э́то?（これは誰ですか？）
5. Кто он?（彼は何をしている人ですか？）

Section 18　子音　д [d]

TRACK2-13

硬子音 д [d] の発音には、たいてい何の問題もありません。日本語の「ダ」の子音とほぼ同じだと思ってかまいません。

対応の無声子音は т [t] です。

TRACK2-14　　д [d] - т [t]

発音練習

TRACK2-15

да... до... ду... ды... та - да... то - до... ту - ду... ты - ды...
я даю́... ты даёшь... он даёт...
дом... домо́й... дым... я иду́...
тут - иду́... том - дом... твой - два... вдвоём...

単語と訳

я даю́ 私は与える
ты даёшь 君は与える
он даёт 彼は与える
дом 家
домо́й 家へ
дым 煙

(я) иду́ 私は行く
тут ここ
твой 君の
два 2
вдвоём 2人で

Section 19　イントネーションの型3　ИК-3

TRACK2-16

中間的トーン

Вы знако́мы?
（あなたがたは知り合いですか?）

ИК-3を使う最も典型的なケースは、**疑問詞のない疑問文**です。イントネーションの中心よりも前の部分は、中間的なトーンで発音されます。イントネーションの中心部分では、トーンは著しく上昇し、中心の後では、中間的トーンよりもさらに下降します。このイントネーションの型が典型的に見られるのは、ロシア語のみです。それゆえに、外国人にとっては難しいものです。ИК-3を使う疑問文では、疑問の意味が語彙によって表されるわけではありません。円滑なコミュニケーションのためには、イントネーションが特に重要な意味を持つことを覚えておきましょう。

TRACK2-17

Э́то Ната́ша?
（これは**ナターシャ**ですか?）

Его́ зову́т Ива́н?
（彼は**イワン**という名前ですか?）

Section19　イントネーションの型3　ИК-3

Он **музыка́нт**?

（彼は**音楽家**ですか？）

Ма́ша **поёт**?

（マーシャは**歌う**んですか？）

Он?　**Ты**?　**Вы**?

（**彼**が？　**君**が？　**あなた**が？）

ИК-3 のイントネーションの中心は、その疑問の中心となる単語のアクセントのある音節に置かれます。イントネーションの中心を別の単語に移動させれば、疑問のコミュニケーションの目的が変わります。

TRACK2-18

a. Ната́ша пьёт **тома́тный сок**?
（＝Что пьёт Ната́ша?）

ナターシャは**トマトジュース**を飲んでいるのですか？（ナターシャは何を飲んでいるのか？）

b. Ната́ша пьёт **тома́тный** сок?
(＝Како́й сок пьёт Ната́ша?)

ナターシャは**トマト**ジュースを飲んでいるのですか？（ナターシャはどんなジュースを飲んでいるのか？）

c. **Ната́ша** пьёт тома́тный сок?
(＝Кто пьёт тома́тный сок?)

ナターシャがトマトジュースを飲んでいるのですか？（誰がトマトジュースを飲んでいるのか？）

疑問詞なしの疑問文に対する答えは、たいてい肯定か否定（**да** か **нет**）で始まります。

発音練習

TRACK2-19

1. – **Ма́ша** пьёт **сок**? マーシャは**ジュース**を飲んでいるのですか？
   – Да. **Ма́ша** пьёт **сок**. ええ、マーシャは**ジュース**を飲んでいます。

2. – **Ма́ша** пьёт сок? **マーシャ**がジュースを飲んでいるのですか？
   – Да. **Ма́ша** пьёт сок. ええ、**マーシャ**がジュースを飲んでいるのです。

Section 20 子音 г [g]

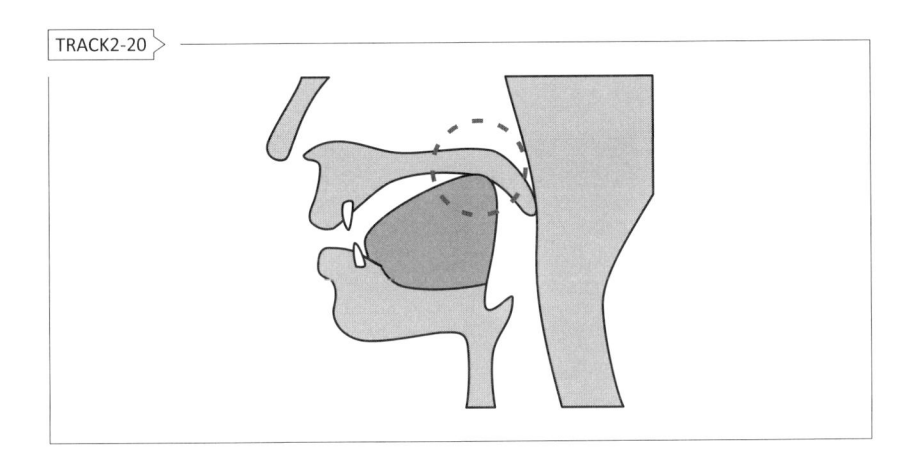

TRACK2-20

ロシア語の硬子音 г [g] の音は、日本語のガ行の子音と一致します。それゆえ、発音は難しくありません。

しかし、日本語では、単語の中間でこの発音をする際は、空気の流れが鼻に抜け、鼻濁音などになる場合があります。ロシア語を発音する際は、それを避けるようにしましょう。

対応の無声子音は к [k] です。

TRACK2-21　г [g] - к [k]

発音練習

TRACK2-22

га... гу... го... га - го... ха - ка - га... хо - ко - го... ху - ку - гу...
ногá... могý... погóда... бумáга... тогдá... когдá...

単語と訳

нога́ 足
могу́ 私はできる
пого́да 天気

бума́га 紙
тогда́ そのとき
когда́ いつ

例文

以下の例文を、イントネーションに気をつけて読んでみましょう。

TRACK2-23

Я могу́.
ИК-1
私はできます。

Я могу́!
ИК-2
私はできます！

Охо́тно.
ИК-1
喜んで。

Охо́тно!
ИК-2
喜んで！

Э́то кот.
ИК-1
これは猫です。

Э́то кот!
ИК-2
これは猫です！

Э́то кот?
ИК-3
これは猫ですか？

Section 21　子音　ж [ʒ]

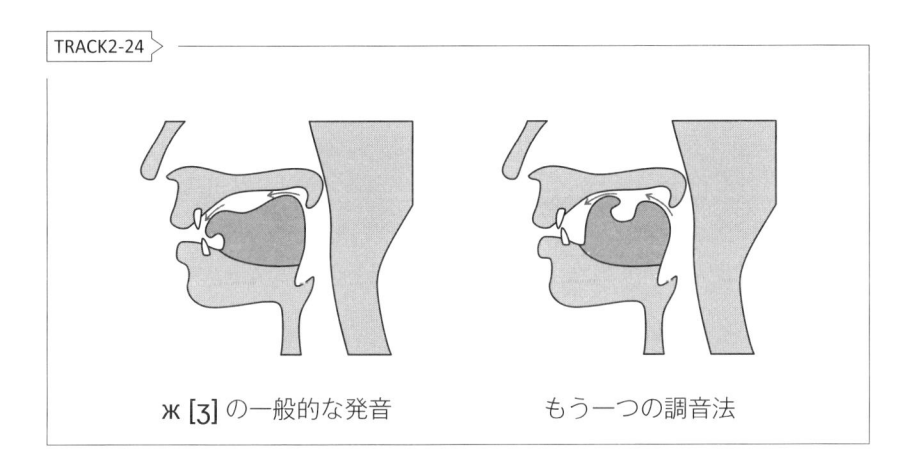

TRACK2-24

ж [ʒ] の一般的な発音　　　もう一つの調音法

　硬子音 ж [ʒ] の発音の口つきは、ш [ʃ] の場合と同じです。ただ声帯が震える点だけが異なります。

TRACK2-25　ж [ʒ] - ш [ʃ]

　しかし日本人にとって、この発音は、ш [ʃ] よりも難しいものです。なぜなら日本語で ж [ʒ] に最も近い音（「ジ」の子音など）は、発音の際、最初に舌の前部と歯茎の間を閉じるからです。
　ж [ʒ] の発音では、舌の先端は上にあがっていますが、先端が歯茎につかないようにすることが重要です。
　ш [ʃ] と同様、ж [ʒ] は対応する軟子音を持たず、つねに硬子音です。

TRACK2-26

例　живо́т [ʒivót] お腹

補助音 г [g] を使った発音

ж [ʒ] の発音の練習には、補助音として г [g] を利用するとよいでしょう。г [g] の発音は舌を後ろに引き、舌の後部を持ち上げるのに役立ちます。ш [ʃ] と同様 ж [ʒ] の発音でも、舌の形は前部と後部の両方が持ち上がったスプーンのような形になるからです。

発音練習

TRACK2-27

гжи - жи... жи... гже - же... же... жи - же... гжа - жа... жа...
гжо - жо... жо... жа - жо... гжу - жу...

例文

発音とイントネーションに気をつけて、以下の例文を読んでみましょう。例文の末尾に、その文の **ИК** を数字で示しました。太字はイントネーションの中心を表します。

TRACK2-28

1. – Я живу́ на шесто́м* **этаже́**. ①
   – Твои́ знако́мые* Ната́ша и Са́ша **то́же*** живу́т там? ③
   – **Да**. ① Ната́ша и Са́ша **то́же** живу́т на шесто́м этаже́. ①

「私は６階に住んでいます」
「君の知り合いのナターシャとサーシャもそこに住んでいるの？」
「そうよ。ナターシャとサーシャも６階に住んでいるの」

*шесто́м の ше の発音は [ʃi] となります。шé にアクセントがある場合は [ʃé] となります
*знако́мые [znakómijə]
*то́же の же の発音は [ʒə] となります。жé にアクセントがある場合は [ʒé] となります

2. – **Кто** э́то? ②
   – Э́то **Зо́я**. ① А э́то **Анто́н**. ① Зо́я и Анто́н – **музыка́нты**. ①
   – На **како́м** этаже́ живу́т Зо́я и Анто́н? ② На **шесто́м**? ③
   – **Да**. ① На **шесто́м**. ①

「これは誰ですか？」
「これはゾーヤです。こちらはアントンです。ゾーヤとアントンは音楽家です」
「ゾーヤとアントンは何階に住んでいるのですか？ ６階ですか？」
「ええ、６階です」

Section 22　子音　л [l]

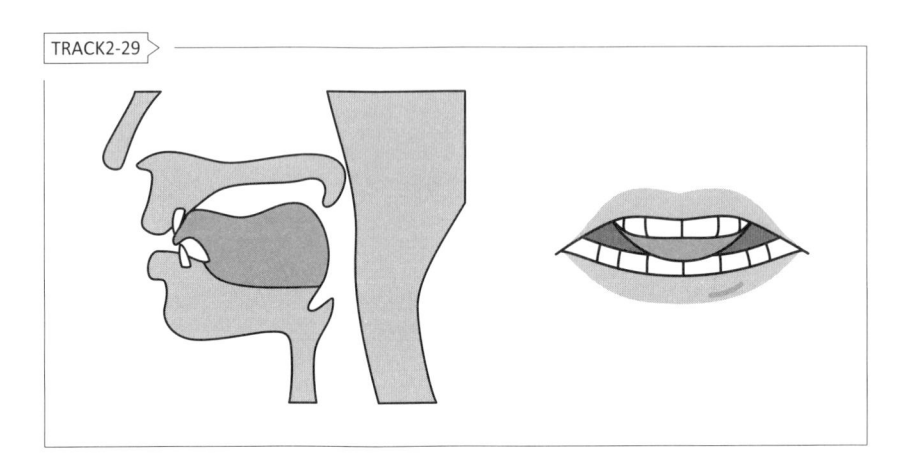

TRACK2-29

　子音 л [l] は、最も発音が難しい音の一つで、日本人が発音においても、スペリングにおいても最も多く間違いを犯すものです。ロシア語では л [l] と р [r] の２つの音があるのに対して、日本語には、対応する音は「ラ」行の子音しかありません。しかもそれは、л [l] とも р [r] とも異なる音です。「ラ」行の子音の発音では舌の先端が歯茎に、上から下へごく短く触れます。その音は、ロシア人には、л [l] よりも р [r] に近い音に聞こえます。

　ロシア語の硬子音 л [l] の発音の際、舌の前部は持ち上がり、上前歯の裏側に密着します。この状態は調音の最後まで続きます。呼気は舌の両脇から流れ出ます。発音練習の初期段階では、舌の前部を上前歯裏に密着させる時間を引き延ばした方がいいでしょう。その際、舌の先端は上下の前歯ではさむことができ、それは、鏡で確認できます。

　もう一つ問題があります。ロシア語の硬子音の л [l] は、いわゆる中央ヨーロッパの [l]、つまり多くのヨーロッパ言語の [l] とも異なるという点です。

　ロシア語の л [l] の発音の際には、舌の後部は後ろに引かれ、中部は下に湾曲しています。舌の後部を後ろに引くためには、л の調音の前に補助音 г [g] を使うとよいでしょう。舌の先端を上前歯でおさえながら、舌全体を後ろに引こうとすれば、舌の中部は自然に下に湾曲します。

Section22　子音 Л [l]

発音練習

TRACK2-30

глу... глу-лгу... гло... гло-лго...
до́лго... Во́лга... гло́бус... иго́лка... го́лос...
гла-ла... ла... дала́... она́ дала́... была́... она́ была́...
ал-дал... он дал... она́ дала́ - он дал...
ыл...был... он был... ял-стоя́л... гло-ло... ло... ло-сло́во...
стол... столы́... стол-столы́... мы́ло... голова́... хо́лодно...
о́блако... зо́лото... молодо́й го́лос...

単語と訳

до́лго 長く
Во́лга ヴォルガ川
гло́бус 地球儀
иго́лка 針
го́лос 声
дал, дала́ 与えた (дать の過去男性形、女性形)
был, была́ いた (быть の過去男性形、女性形)
стоя́л 立っていた (стоя́ть の過去男性形)

сло́во 単語
стол 机 (複数形 столы́)
мы́ло 石鹸
голова́ 頭
хо́лодно 寒い
о́блако 雲
зо́лото 金
молодо́й го́лос 若い声

例文

発音とイントネーションに気をつけて以下の文を読んでみましょう。例文の末尾に、その文の ИК を数字で示しました。太字はイントネーションの中心を表します。

TRACK2-31

1. Вот холо́дный **сок**. ① Вот холо́дная **вода́**. ① Вот холо́дное **молоко́**. ①
   ほら冷たいジュースです。ほら冷たい水です。ほら冷たいミルクです。

2. Э́то **Во́лга**. ① Э́то **Во́лга**! ② Э́то **Во́лга**? ③
これはヴォルガ川です。これがヴォルガ川です！ これはヴォルガ川ですか？

3. Там **хо́лодно**. ① Там **хо́лодно**! ② Там **хо́лодно**? ③
あそこは寒い。あそこは寒い！ あそこは寒いのか？

4. Он **был** там. ① Он **был** там! ② Он **был** там? ③
彼はあそこにいた。彼はあそこにいたんだ！ 彼はあそこにいたのか？

Section 23　イントネーションの型4　ИК-4

TRACK2-32

──── 中間的トーン

А музыка́нты?

（では音楽家たちは？）

ИК-4 が最もよく使われるのは、**対比を表す接続詞 а とともに不完全な疑問文を作るとき**です。イントネーションの中心より前は、中間的な音調で始まり、中心部の語のアクセントがある音節で、調子は急に下降し、その後、上昇し、そのまま後半部では高い音調が続き、尻上がりのまま終わります。

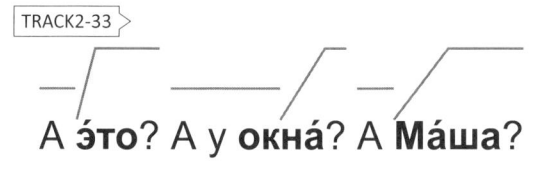

TRACK2-33

А э́то? А у окна́? А Ма́ша?

（（では）これは？（では）窓際は？（では）マーシャは？）

発音練習

イントネーションに気をつけて、次の会話を読んでみましょう。

TRACK2-34

1. – **Что** э́то? ②
   – Э́то **дом**. ①
   – А **э́то**? ④
   – Э́то **мост**. ①

「これは何ですか？」
「これは家です」
「では、これは？」
「これは橋です」

2. – Он **музыка́нт**. ① А вы? ④
   – Я **то́же** музыка́нт. ①

「彼は音楽家です。で、あなたは？」
「私も音楽家です」

3. – Там стои́т **шкаф**. ①
   – А у **окна́**? ④
   – У окна́ стои́т **стол**. ①

「あそこには棚があります」
「では、窓辺には？」
「窓辺には机があります」

4. – Анто́н **был** там? ③
   – **Да**. ① Анто́н **был**. ①
   – А **Ма́ша**? ④
   – И **Ма́ша** была́. ①

「アントンはあそこにいたのですか？」
「ええ、アントンはいました」
「で、マーシャは？」
「マーシャもいました」

Section 24　子音の無声化と有声化

1. 無声子音と有声子音の対応

ロシア語の子音は次のように無声子音と有声子音（⇒ p.36「有声子音の調音」）に分けられます。

	1					2	3
無声子音	п	ф	т	с	к	ш	ц ч щ х	
有声子音	б	в	д	з	г	ж		м н л р й

第 1 グループは、上段の無声子音が下段の有声子音と対応します。

2. 子音の同化

ある音が隣接する音声の影響を受けて、それと似た発音に変わる現象を「同化」といいます。ロシア語では子音の**無声化**と**有声化**があります。

①無声化

第 1 グループの有声子音が、**語末**か**無声子音の前**にあるとき、対応の無声子音として発音されます。

TRACK2-35

例 завóд [zavót] 工場　Кавкáз [kafkás] カフカス
вход [fxót] 入り口

前置詞は、それに続く単語と一つの単語のように続けて発音します。よって、無声化、有声化が起こります。

TRACK2-36

例 из са́да [issádə] 庭の中から

②有声化

　第 1 グループの無声子音が、**第 1 グループの有声子音（в をのぞく）の直前**にあるとき、対応の有声子音として発音されます。

TRACK2-37

例 фу**т**бо́л [fu**d**ból] サッカー　во**к**за́л [va**g**zál] 駅

　例外は有声子音 в の前の無声子音で、これは有声化されず、無声子音のまま発音されます。

TRACK2-38

例 **с**вой [**s**vój] 自分の　**т**воя́ [**t**vajá] 君の

　なお第 3 グループの有声子音も、直前の無声子音の有声化にはかかわりません。

発音練習

TRACK2-39

зу́бы – зу**б**... сло́во – мно́го сло**в**... заво́ды – заво́**д**...
два го́да – го**д**... сады́ – са**д**... ножи́ – но**ж**... этажи́ – эта́**ж**...
из за́ла – и**з** са́да... **в** ко́мнату – в Москву́...
к до́му – к са́ду...

Section24 子音の無声化と有声化

単語と訳

зуб, зу́бы 歯（単数、複数）
сло́во 単語
мно́го слов たくさんの単語
заво́д, заво́ды 工場（単数、複数）
два го́да 2年
год 年
сад, сады́ 庭（単数、複数）
нож, ножи́ ナイフ（単数、複数）

эта́ж, этажи́ 階（単数、複数）
из за́ла ホールの中から
из са́да 庭の中から
в ко́мнату 部屋の中へ
в Москву́ モスクワへ
к до́му 家の方へ
к са́ду 庭の方へ

例文

TRACK2-40

Вот остано́вка авто́буса. ①
ほら、バスの停留所です。

Section 25 軟子音

ロシア語の硬子音の大部分はペアをなす軟子音をもっています。例外的に ж [ʒ], ш [ʃ], ц [ts] は常に硬子音であり、ч [tʃ'], щ [ʃʃ'] は常に軟子音です。ペアをなす軟子音と硬子音の発音の口つきの要素は共通です。

ただし、**軟子音の発音**の際は、追加的な調音として、**舌の中部が盛り上がります**。

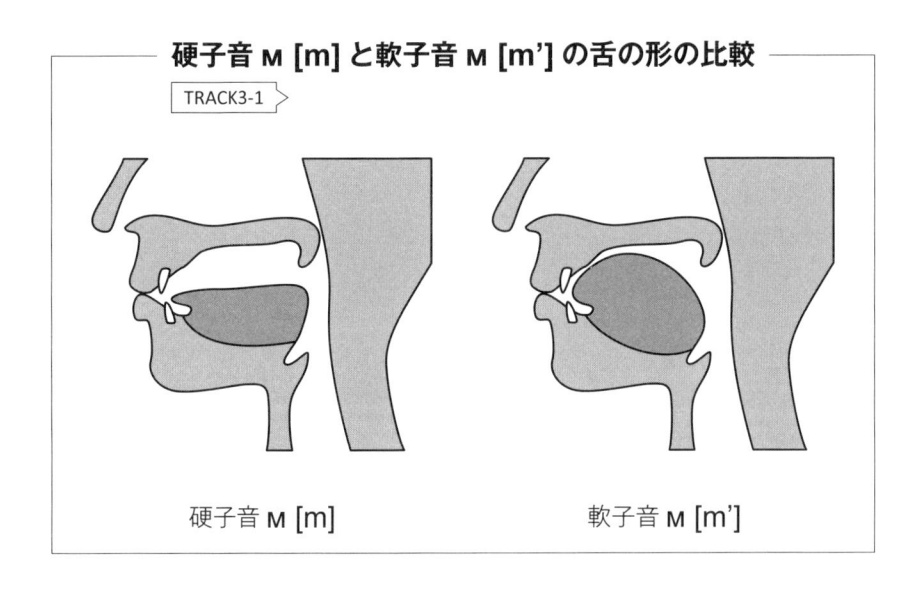

硬子音 м [m] と軟子音 м [m'] の舌の形の比較

TRACK3-1

硬子音 м [m]　　　　　軟子音 м [m']

舌の中部の動きは、自分では感じにくい要素なので、ロシア語の軟子音の、特にいくつかの発音は、外国人にとって大変難しいものです。正しい発音を習得するためには、発音練習の際に補助音を利用することをおすすめします。たとえばアクセントのない и を軟子音の前につけるとよいでしょう。

軟子音の発音の際の唇は緊張し、ニッと微笑むときのように両脇に引き伸ばされます。

軟子音として発音されるのは、**軟音記号 ь** および **я, и, ю, е, ё** の前に子音がくるときで、発音記号では、['] で表記されます。

Section25　軟子音

　習得に一番簡単なのは、軟子音 м [m'] です。ここから練習を始めるとよいでしょう。たとえば мя の場合、これは [m] と [já] を別々に発音するのではなく、[m'á]（あえてカタカナで表記すれば、日本語の「ミャ」に近い音）になります。

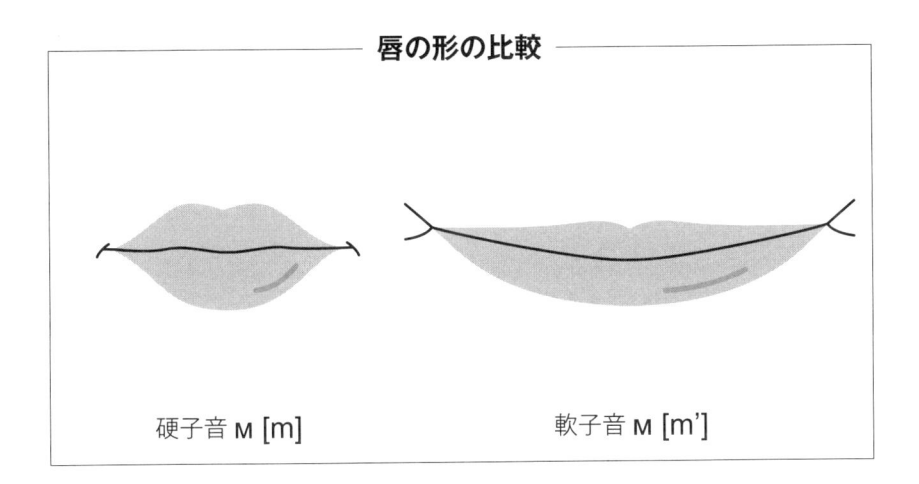

――― 唇の形の比較 ―――

硬子音 м [m]　　　軟子音 м [m']

特に日本人にとって最も難しいケースは、

TRACK3-2

①軟音記号が語末にくる場合
　例 боль [ból'] 痛み

②[j] の前に来る場合
　例 семья [s'ɪm'já] 家族

です。日本人はこうした場合、軟子音の後に母音 [i] を加えてしまいがちで、同じ単語の変化形や、まったく別の単語との区別がつかなくなります。
　боль – бóли を例にすると、боль は「痛み」を意味する名詞の単数主格形で、бóли はその生格形などの形です。軟子音の発音が不正確だと、文法的な形の区別がつかなくなってしまいます。また、сталь（鋼鉄）と стáли（動

詞 стáть「～になる」の過去複数形）という 2 つのまったく別の単語を混同してしまうおそれもあるのです。

COLUMN

硬子音の発音の補助的な調音

ついでながら、ロシア語の硬子音の発音の際にも、補助的な調音があります。舌の後部が軟口蓋（上あご）のほうに盛り上がります。ロシア語では補助的調音、つまり舌の盛り上がりなしには、子音は発音されないわけです。

これとは反対に、英語、ドイツ語、フランス語や、その他の多くの言語では、子音は補助的な舌の持ち上げなしに発音されます。これらの言語の子音はロシア語の硬子音とまったく同じにはならず、ロシア語の軟子音とは完全に異なります。

発音練習

ここでは、比較的、日本人にとって発音しやすい軟子音 м [m'], п [p'], б [b'], в [v'], ф [f'] を練習します。

TRACK3-3

1. ими́-ми... ми... имя́-мя... име́-ме... ме... имё-мё... мё...
мы-ми... ма-мя... мо-мё... мэ-ме... ми-мьи... мя-мья...
ме-мье... мё-мьё...
пи... пя... пе... пё...
би... бя... бе... бё...
фе... фы-фи...
вя... ве... ви... вы-ви...

Section25 軟子音

фи-пи-ви-би... ма-мя-мья... па-пя-пья... ба-бя-бья... фа-фя-фья... ва-вя-вья...
мя́со... пя́тый... Со́фья... мы́ло-Ми́ла... вы́ставка-ви́дно... кафе́-буфе́т

単語

мя́со 肉
пя́тый 5番目の
Со́фья ソフィア（人名）
мы́ло 石鹸
Ми́ла ミーラ（人名）

вы́ставка 展覧会
ви́дно 見える
кафе́ [kafé] カフェ（кафе́ の е の前の子音は硬音として発音される）
буфе́т ビュッフェ

TRACK3-4

2. я живу́... ты живёшь... он живёт... мы живём...
（私は住んでいる、君は住んでいる、彼は住んでいる、私たちは住んでいる）

例文

軟子音の発音とイントネーションに気をつけながら、以下の例文を読みましょう。

TRACK3-5

1. – Ми́ла живёт на шесто́м **этаже́**. ① А **ты**? ④ На **како́м** этаже́ ты живёшь? ②
   – Я **то́же** живу́ на шесто́м этаже́. ①

「ミーラは6階に住んでいる。君は？ 君は何階に住んでいるの？」
「僕も6階に住んでいる」

2. – На **како́м** этаже́ кафе́? ② На **пя́том**? ③
   – **Да**. ① На **пя́том**. ①

「カフェは何階ですか？ ５階ですか？」
「はい、５階です」

3. – Со́фья обе́дала **до́ма**? ③
   – **Да**. ① **До́ма**. ①
   – А **ты**? ④
   – А я обе́дал в **кафе́**. ①

「ソフィアは家で昼食をとったのかい？」
「ええ、家で」
「じゃ、君は？」
「僕はカフェでとったよ」

4. – Ми́ша у́жинал в **кафе́**? ③
   – **Нет**. ① Он у́жинал **до́ма**. ①
   – А **Ви́ка**? ④
   – Ви́ка **то́же** у́жинала до́ма. ①

「ミーシャはカフェで夕食をとったの？」
「いや、彼は家で食べた」
「ヴィーカは？」
「ヴィーカも家で食べた」

Section 26　軟子音　с [s'] - з [z'], т [t'] - д [d']

　軟子音 с [s'], з [z'], т [t'], д [d'] を不正確に発音しても、それによってそれぞれの単語や語の形が聞き分けられなくなることはめったにありません。しかしこれは典型的な「日本語なまり」であり、一度癖がついてしまうと、どんなに努力しても後からは事実上、抜け出すことは不可能です。それゆえ、学習の初期段階で正しい発音を身につけ、それを強化し、つねにコントロールしていくことが大切です。

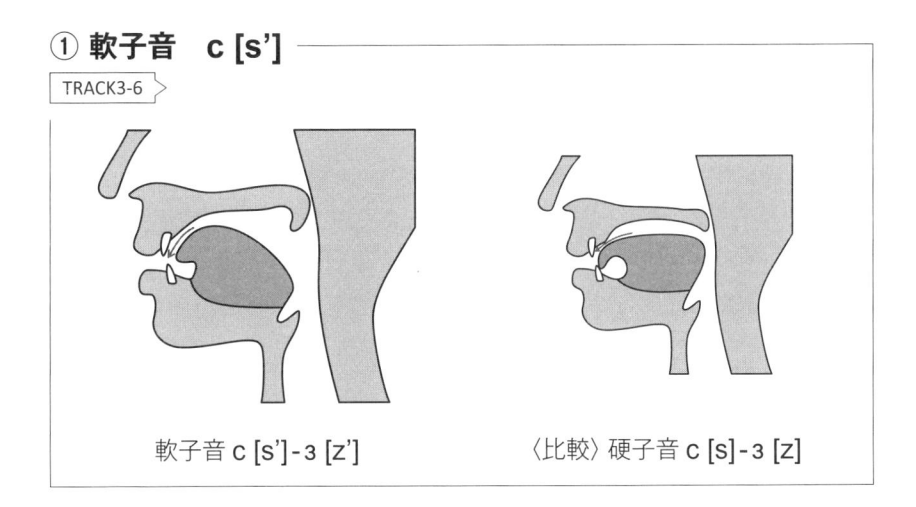

① 軟子音　с [s']

TRACK3-6

軟子音 с [s']- з [z']　　〈比較〉硬子音 с [s]- з [z]

　軟子音 с [s'] の発音では、舌の前部は上前歯との間に隙間ができ、舌の中部は上に持ち上がり、舌先は下に垂れます。
　日本人は、ロシア語の с の軟音の代わりに、しばしば日本語の「シ」の子音を発音します。日本語の「シ」の子音の調音では、ロシア語の子音と異なり、舌の前部は前歯ではなく歯茎との間に隙間を形成します。この日本語の音は、ロシア語の с [s'] と щ [ʃʃ'] の中間のような音になりますが、с [s'] とも щ [ʃʃ'] とも一致しないので、注意が必要です。

② 軟子音　з [z']

TRACK3-7

　ロシア語の軟子音 з [z'] は、軟子音 с [s'] と同じ口つきで発音されます。つまり、舌の前部は上前歯との間に隙間ができ、舌の中部は上に持ち上がり、舌先は下に垂れています。

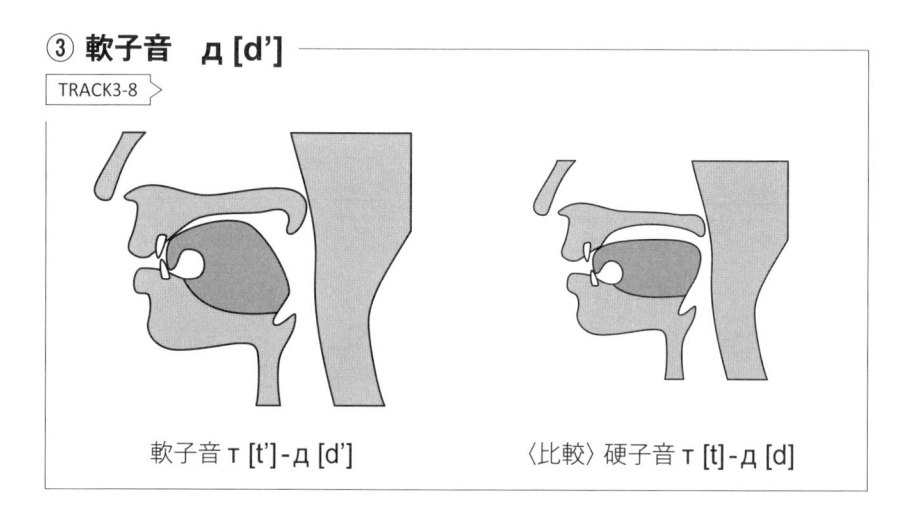

③ 軟子音　д [d']

TRACK3-8

軟子音 т [t']-д [d']　　　〈比較〉硬子音 т [t]-д [d]

　軟子音 д [d'] の発音の際には、舌先は下の前歯の裏にぴったりと密着し、舌の前部は硬子音 д [d] の発音と同様に、上歯茎に密着し、舌の中部は上に盛り上がっています。

④ 軟子音　т [t']

TRACK3-9

　ロシア語の軟子音 т [t'] は、硬子音 т [t] と同じ口つきをして、かつ、舌の中部を上に盛り上がらせて発音します。

　日本人はしばしば、ロシア語の т の軟音の代わりにロシア語の т [t'] と ч [tʃ'] の中間になるような日本語の「チ」の子音を発音します。軟子音 т [t'] も、意識的に区別することが必要です。

Section26　軟子音　с [s'] - з [z'], т [t'] - д [d']

⑤ 軟子音 з [z'] と д [d'] に注意！

日本人は軟子音 з [z'] と д [d'] の２つの音の聞き分けが大変苦手です。зя と дя がどちらも（カタカナ表記では）「ジャ」に聞こえてしまいます。

また、зя [z'á] と дя [d'á] の代わりに、ロシア語にはない日本語の「ジャ」という音を発音してしまいがちです。最初に正しい発音を身につけ、意識的にコントロールしていくことが大切です。

発音練習

TRACK3-10

ися - ся... ся - сья... изя - зя... зя - зья... иси - си... зи... се... зе - зье... се - сье... зё - зьё... сё - сьё... сам - вся... зал - я взял... сок - всё... сын - Сима... магазин... газета... письмо...
ня... не... ини - ни... ни... ню... ня - нья...
тя... те... тё... тю... ти...
дя... дя - дья... де... де - дье... дё - дьё... дю - дью... иди - ди... ди - зи - си - ти... дя - зя - ся - тя...
тёмный... костюм... тихо... идёт... идёшь... Татьяна... студент... студентка...

単語と訳

сам 自身
вся すべての（女性形）
зал ホール
я взял 私は取った
сок ジュース
всё すべて
сын 息子
Сима シーマ（人名）
магазин 店
газета 新聞

письмо 手紙
тёмный 暗い
костюм スーツ
тихо 静かに
идёшь, идёт 「行く」（идти）の二人称単数、三人称単数
Татьяна タチヤーナ（人名）
студент 学生
студентка 女子学生

例文

軟子音の発音とイントネーションに気をつけて、以下の例文を読んでみましょう。このページ以降、文の途中の区切りで1つの独立したイントネーションになる文が登場しますので、イントネーションを示す場合は、イントネーションの中心となる音節の右上に ИК の番号を表示します。

TRACK3-11

1. – Кто² он? Он студе́³нт?
   – Да¹, он студе́¹нт.

   「彼は誰ですか？ 彼は学生ですか？」
   「ええ、彼は学生です」

2. – Кто² она́? Она́ студе́³нтка?
   – Да¹, она́ студе́¹нтка.

   「彼女は誰ですか？ 彼女は女子学生ですか？」
   「ええ、彼女は女子学生です」

3. – Куда́² ты идёшь? Ты идёшь домо́³й?
   – Да¹, я иду́ домо́¹й.

   「君はどこへ行くの？ 君は家へ帰るの？」
   「そうだ、僕は家へ帰るところだ」

4. – Куда́² идёт Ди́ма? Он идёт в магази́³н?
   – Не¹т, он идёт в кафе́¹.

   「ジーマはどこへ行くんだい？ 彼は店へ行くのかい？」
   「いや、彼はカフェへ行くんだ」

Section26　軟子音　с [s'] - з [z'], т [t'] - д [d']

*1〜4 の **Да,** / **Нет,** のところ、つまりコンマの区切りでポーズがあるので、そこまでが独立して1つのイントネーションとなります。ここでは **ИК-1** です。続きはまた独立的に **ИК-1** となります。

Section 27　アクセントのない и, я, е の発音

ロシア語では、アクセントのない音節の母音は、弱く曖昧に短めに発音されます（⇒ p.10「母音の弱化」参照）。ここでは、アクセントのない и, я, е の発音について学びます。

1. アクセントのない音節での и [i] の発音は、基本的にアクセントのある и́ [í] と特性は変わりませんが、より短く弱く発音されます。

TRACK3-12

例 кино́ [k'inó] 映画　ко́ни [kón'i] 馬（複数）

2. アクセントのない я, е は、語末や語尾以外ではアクセントのない [i] よりもやや口を広く開けて ['e] に近く曖昧に発音する [ɪ] になります。[ɪ] の前にある子音は軟子音になります。発音記号では、['] がつきます。

TRACK3-13

例 весна́ [v'ɪsná] 春　тяжёлый [t'ɪʒólij] 重い
телефо́н [t'ɪl'ɪfón] 電話

3. アクセントのない я と е が語末や語尾以外にあるとき、その前に子音がなければ、[j] を加えて、[jɪ] という発音になります。

TRACK3-14

例 еще́ [jɪʃʃó] まだ　яйцо́ [jɪjtsó] 卵

4. アクセントのない я と е が語末や語尾にあるときは、その直前が子音以外なら、[jə] と発音されます。

TRACK3-15

例 зда́ние [zdán'ijə] 建物　эколо́гия [ekalóg'ijə] エコロジー
бра́тья [brát'jə] 兄弟*　　 *子音 p [r] の発音は p.86

Section27 アクセントのない и, я, е の発音

5. アクセントのない я と е が語末や語尾にあるとき、その直前が軟子音なら [ə] と発音されます。

TRACK3-16

例 и́мя [ím'ə] 名前　ко́фе [kóf'ə] コーヒー

発音練習

TRACK3-17

свет – светло́... де́ло – дела́... все – всегда́... семь – семья́... темно́ и тепло́... я не зна́ю... я́сно – объясня́ть... сего́дня... весёлая пе́сня...

単語と訳

свет 光
светло́ 明るい
де́ло 事業（複数形 дела́）
все 皆
всегда́ いつも
семь 7
семья́ 家族
темно́ и тепло́ 暗い、そして、暖かい

я не зна́ю 私は知らない（не については p.73 参照）
я́сно 明らかだ
объясня́ть 説明する
сего́дня [ɛ'ɪvód'n'ɔ] 今日（この単語内の го は [vó] と読む）
весёлая пе́сня 陽気な歌

アクセントのない я と е が語末で文法的な語尾の形の差異を表す場合

　細かい分類をすれば、アクセント直前の音節に я, е がある場合は、[i] と ['e] の中間として [ɪ] と発音されますが、その他の位置にあるアクセントのない я, е の発音はさらに弱く曖昧な音になることが多いです。しかし学習の初期段階では細かい分類は気にしなくてかまいません。

　ただしアクセントのない я と е が語末で文法的な語尾の形の差異を表す場合には、少し異なります。つまり、文字通りに近くというか、я と е の本来の発音の特性が多少保たれます。よく見てみましょう。

TRACK3-18

例 стóят – стóит（動詞 стóить「値段がする」の現在三人称複数形と単数形）

　　си́няя – си́нее（形容詞 си́ний「青い」の単数女性形と中性形）

Section27　アクセントのない и, я, е の発音

否定助詞 не の発音

否定助詞 не はつねに次の単語とひとつながりに発音されます。не はたいていアクセントなしで発音されます。

TRACK3-19

例　Я **не** зна́ю [nʼɪznáju]. 私は知らない。

接続詞 и の発音 2

軟子音で終わる語の後の接続詞 и は、文字通りに発音されます。母音の後にくる場合も同様です。

TRACK3-20

例　мать **и** сын [mátʼ i sín] 母と息子

硬子音で終わる語の後の接続詞 и は、間を置くことなく ы のように発音します（⇒ p.26「接続詞 и の発音」も参照）。

TRACK3-21

例　оте́ц **и** мать [atʼétsɨmátʼ] 父と母

発音練習

接続詞 и の発音に気をつけながら練習しましょう。

TRACK3-22

мать и де́ти... мать и оте́ц... оте́ц и мать... мать и сын...
сын и мать...
писа́ть... писа́ть письмо́... сиде́ть...
（母と子供たち、母と父、父と母、母と息子、息子と母、書く、手紙を書く、座っている）

例文

TRACK3-23

1. Я сижу́ и пишу́.
   私は座って書いています。
   Ты сиди́шь и пи́шешь.
   君は座って書いている。
   Он сиди́т и пи́шет.
   彼は座って書いています。

   Мы сиди́м и пи́шем.
   私たちは座って書いています。
   Вы сиди́те и пи́шете.
   あなたは座って書いています。
   Они́ сидя́т и пи́шут.
   彼らは座って書いています。

TRACK3-24

2. – Куда́² ты идёшь? Ты идёшь в магази³н?
   – Не¹т, я иду́ в кафе́¹.
   – А Ди́⁴ма? Ди́ма то́³же идёт в кафе́?
   – Ди́ма то́¹же идёт. Мы идём вме́¹сте.

   「君はどこへ行くんだい？ 店に行くのかい？」
   「いや、私はカフェに行くところだ」
   「ジーマは？ ジーマもカフェに行くのかい？」
   「ジーマも行くんだ。僕らは一緒に行くところだ」

ся 動詞の発音

ся 動詞の不定形および三人称現在形の語末部分 "-ться", "-тся" は、ц [ts] とアクセントのない母音 а の結合のような発音 [ttsə] になります。

発音練習

TRACK3-25

занима́ться... ложи́ться... ложи́ться спать...
я ложу́сь спать... ты ложи́шься спать... он ложи́тся спать...

(勉強する、横たわる、就寝する
僕は寝る、君は寝る、彼は寝る)

Section27　アクセントのない и, я, е の発音

例文

TRACK3-26

— Что² ты де́лаешь? Ты занима́³ешься?
— Да¹, я де́лаю дома́шнее зада́¹ние. А ты⁴?
— Я уже́ не занима́¹юсь. Я уста́¹л. Я ложу́сь спа́¹ть.

「君は何をしているの？　勉強しているのかい？」
「そうだ。僕は宿題をしているんだ。君は？」
「僕はもう勉強はしていない。僕は疲れちゃった。僕はもう寝るよ」

練習問題 3

例にならって、書かれた文が答えになるような、① ИК-2 の疑問文、② ИК-3 の疑問文の2通りの疑問文を作りなさい。二人称は ты を使いましょう。

TRACK3-27

例 Я иду́ домо́й^1. – Куда́^{2} ты идёшь? Ты идёшь домо́й^3?
私は家に帰ります。— 君はどこへ行くんだい？ 家に帰るのかい？

1. Я иду́ в магази́н^1.
2. Я иду́ в кафе́^{1}.
3. Они́ иду́т в кафе́^{1}.
4. Я занима́юсь^1.
5. Я ложу́сь спа́ть^1.
6. Я пишу́ письмо́^{1}. (письмо́ を尋ねる文に)

訳

1. 私は店に行く。
2. 私はカフェに行く。
3. 彼らはカフェに行く。
4. 私は勉強している。
5. 私は寝る。
6. 私は手紙を書く。

答え

1. Куда́^{2} ты идёшь? Ты идёшь в магази́н^3?
   (君はどこに行くの？ 店に行くの？)
2. Куда́^{2} ты идёшь? Ты идёшь в кафе́^{3}?
   (君はどこに行くの？ カフェに行くの？)
3. Куда́^{2} они́ иду́т? Они́ иду́т в кафе́^{3}?
   (彼らはどこに行くの？ カフェに行くの？)

4. Что² ты де́лаешь? Ты занима́³ешься?
   (君は何をしているの？ 勉強しているの？)
5. Что² ты де́лаешь? Ты ложи́шься спа³ть?
   (君は何をしているの？ 寝ているの？)
6. Что² ты пи́шешь? Ты пи́шешь письмо́³?
   (君は何を書いているの？ 手紙を書いているの？)

Section 28　軟子音　л [l']

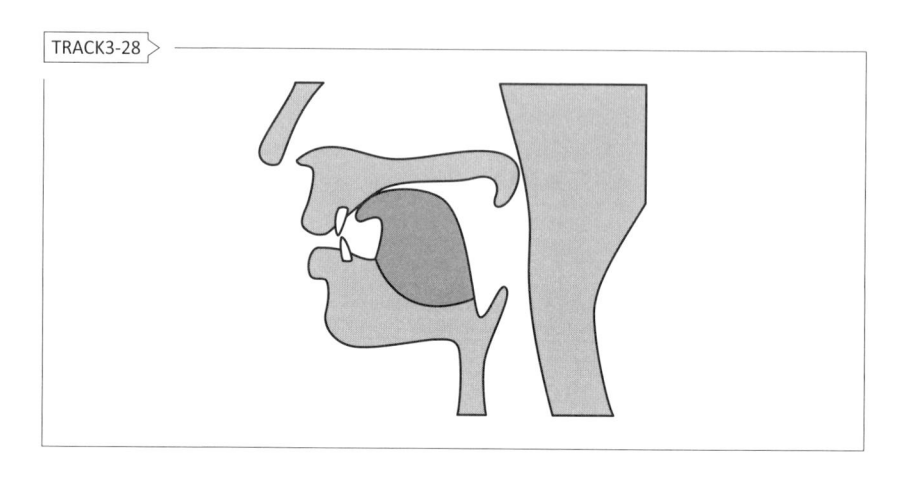

TRACK3-28

　軟子音 л [l'] の発音の際、舌全体は前に押しやられ、舌先と舌の前部は歯茎に密着します。舌の中部と後部は上に持ち上がっています。

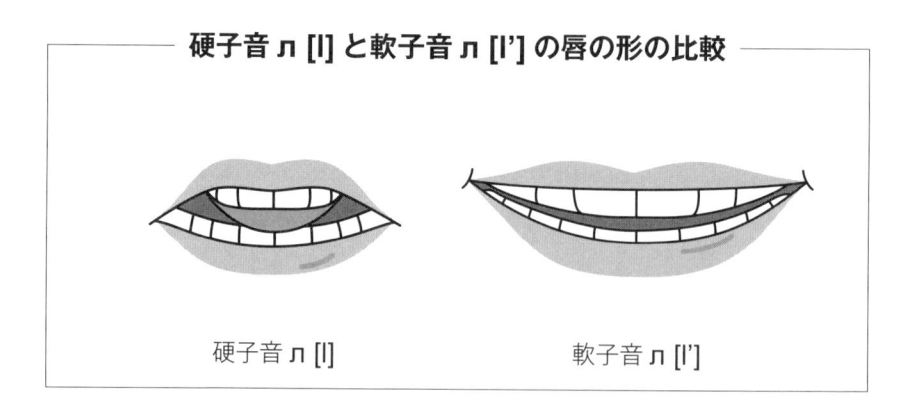

硬子音 л [l] と軟子音 л [l'] の唇の形の比較

硬子音 л [l]　　　　　軟子音 л [l']

　唇はすべての軟子音の発音の際と同じく、かすかに両脇に広げられています。調音のうち、自分でよく感じられる要素は、舌の前部と先端の状態です。
　硬子音 л [l] の発音の際、舌先が上下の歯の間から見えるのに対して、軟子音 л [l'] の発音の際は、舌先は見えません。なぜなら舌先は歯茎に押し当て

Section28　軟子音 л [lʲ]

られているからです。このケースも、発音練習を鏡の前で行うとよいでしょう。

発音練習

TRACK3-29

1. иля́-ля... иле́-ле... лю... ли... лё...
   лья́... Илья́... льё... льёт... он льёт... Илья́ льёт... лью...
   я лью...
   ля-лья... ле-лье... лё-льё... лю-лью... ли-льи... аль...
   яль... уль... юль... оль... ыль...

訳

он льёт 彼は注ぐ　　　　　　　　я лью 私は注ぐ
Илья́ イリヤ（人名）

TRACK3-30

2. поля́-Илья́... полёт-он льёт... я люблю́... лить... ле́то...
   сталь... цель... у́голь... соль... боль... июль... пыль...

単語と訳

поля́ 野原（複数形）	цель 目的
полёт 飛行	у́голь 炭
я люблю́ 私は愛する	соль 塩
лить 注ぐ（不定形）	боль 痛み
ле́то 夏	июль 7月
сталь 鋼鉄	пыль 埃

TRACK3-31

3. стал – сталь... цел – цель... у́гол – у́голь... посо́л – соль... стул – сту́лья...
знал – зна́ли... зна́ла – зна́ли... писа́л – писа́ли... писа́ла – писа́ли... сказа́л – сказа́ли... сказа́ла – сказа́ли... Во́лга – О́льга... по́лный – больно́й... ле́тнее пальто́... больша́я больни́ца... большо́й факульте́т... большо́е зда́ние...

単語と訳

стал ～になった（男性形）
цел 完全である（形容詞短語尾男性形）
цель 目的
у́гол 隅
посо́л 大使
стул 椅子
сту́лья 椅子（複数形）
знал, зна́ла, зна́ли 知っていた
писа́л, писа́ла, писа́ли 書いた

сказа́л, сказа́ла, сказа́ли 言った
Во́лга ヴォルガ川
О́льга オリガ（人名）
по́лный 満ちた
больно́й 病んだ
ле́тнее пальто́ 夏のコート
больша́я больни́ца 大きな病院
большо́й факульте́т 大きな学部
большо́е зда́ние 大きな建物

例文

TRACK3-32

1. – Ско́²лько вам лет?
   – Мне два́¹дцать лет.
   – Ско́²лько ей лет? Ей то́³же два́дцать лет?
   – Не¹т, ей восемна́¹дцать лет.

「あなたは何歳ですか？」
「私は20歳です」

「彼女は何歳ですか？ 彼女も 20 歳ですか？」
「いいえ、彼女は 18 歳です」

2. – Ско́²лько ему́ лет? Девятна́³дцать?
    – Да¹, ему́ девятна́¹дцать лет.

「彼は何歳ですか？ 19 歳ですか？」
「ええ、彼は 19 歳です」

読んでみよう 1「私の部屋」

音声を聴きながら、文章を読んでみましょう。まずは、文章に出てくる単語の発音練習をしてみましょう。

1. 発音練習

TRACK3-33

книжный... книжный шкаф... большой книжный шкаф... письменный стол... удобный письменный стол... мой сосед... математик... физик... в углу...

本の、本棚、大きな本棚、書き物机、便利な書き物机、私の隣人、数学者、物理学者、隅に

2. 読んでみよう

音声を聴きながら、以下の文章を読んでみましょう。これまで学んだ母音、子音が登場します。注意深く発音しましょう。文章は、発音練習用にゆっくり、次に普通のスピードで、合計２回読まれます。

TRACK3-34, 35

Моя комната.

Я живу на шестом этаже. Моя комната уютная и светлая. В углу стоит шкаф. Это большой книжный шкаф. У окна стоит стол. Это удобный письменный стол. На столе стоит лампа. Здесь я занимаюсь. Меня зовут Антон. Мне двадцать лет. Я студент-физик. А это мой сосед Николай. Он математик. Ему девятнадцать лет.

私の部屋

私は６階に住んでいます。私の部屋は快適で明るいです。隅には戸棚があります。これは、大きな本棚です。窓辺には机があります。これは便利な書き物机です。机

の上には電気スタンドがあります。ここで私は勉強します。私の名前はアントンです。私は20歳です。私は物理学専攻の学生です。これは、私の隣人のニコライです。彼は数学専攻の学生です。彼は19歳です。

練習問題 4

例にならって、書かれた文が答えになるような2通りの疑問文 (1. ИК-2 の疑問文、2. ИК-3 の疑問文) を書きなさい。太字部分を尋ねる文にしましょう。二人称は вы を使いなさい。

TRACK3-36

例 Я живу́ на **пя́¹том** этаже́. – На како́²м этаже́ вы живёте? Вы живёте на пя́³том этаже́?
<small>私は5階に住んでいます。— あなたは何階に住んでいますか？ あなたは5階に住んでいるのですか？</small>

1. Я живу́ на **шесто́¹м** этаже́.
2. Меня́ зову́т **Анто́¹н**.
3. Его́ зову́т **Никола́¹й**.
4. Мне **восемна́¹дцать** лет.
5. Ему́ **девятна́¹дцать** лет.
6. Он **матема́¹тик**.
7. Я **фило́¹лог**.
8. Это **кни́¹жный** шкаф.
9. Это **насто́¹льная** ла́мпа. (како́й（どんな）の女性形は кака́я)
10. Это **пи́сьменный** сто́¹л.

訳

1. 私は6階に住んでいます。
2. 私はアントンといいます。
3. 彼の名前はニコライです。
4. 私は18歳です。
5. 彼は19歳です。
6. 彼は数学専攻学生です。

7. 私は文献学専攻学生です。
8. これは本棚です。
9. これは卓上ランプです。
10. これは書き物机です。

答え

1. На како́^{2}м этаже́ вы живёте? Вы живёте на шесто́^{3}м этаже́?
   (あなたは何階に住んでいますか？ 6階ですか？)
2. Ка́^{2}к вас зову́т? Вас зову́т Анто́^{3}н?
   (あなたの名前はなんですか？ アントンですか？)
3. Ка́^{2}к его́ зову́т? Его́ зову́т Никола́^{3}й?
   (彼の名前はなんですか？ ニコライですか？)
4. Ско́^{2}лько вам лет? Вам восемна́^{3}дцать лет?
   (あなたは何歳ですか？ 18歳ですか？)
5. Ско́^{2}лько ему́ лет? Ему́ девятна́^{3}дцать лет?
   (彼は何歳ですか？ 19歳ですか？)
6. Кто́^{2} он? Он матема́^{3}тик?
   (彼は何をしている人ですか？ 数学専攻学生ですか？)
7. Кто́^{2} вы? Вы фило́^{3}лог?
   (あなたは何をしている人ですか？ 文献学専攻学生ですか？)
8. Како́^{2}й это шкаф? Это кни́^{3}жный шкаф?
   (これはどんな棚ですか？ 本棚ですか？)
9. Кака́^{2}я это ла́мпа? Это насто́^{3}льная ла́мпа?
   (これはどんなランプですか？ 卓上ランプですか？)
10. Что́^{2} это? Это пи́сьменный сто́^{3}л?
    (これは何ですか？ 書き物机ですか？)

Section 29　硬子音 р [r] と軟子音 р [r']

ロシア語のふるえ音、硬子音 р [r] と軟子音 р [r'] は日本人にとって、大変発音しにくいものです。なぜなら、日本語ではこの子音を発音するような口つきはおおむね見かけないからです。

р [r] に相当する音は、英語でもフランス語でもドイツ語でも、ロシア語のような口つきでは発音しません。ロシア語のふるえ音 [r], [r'] の発音をものにするためには、長く、熱心なトレーニングが要求されますが、いくら頑張ってもうまく正しい発音ができるようにならないこともあります。ロシア人の中にさえ、時たまこの発音が苦手な人がいます。有名なのはレーニンです。

そうした場合は、少なくとも р [r] と л [l] の発音が区別できるように努力する必要があります。

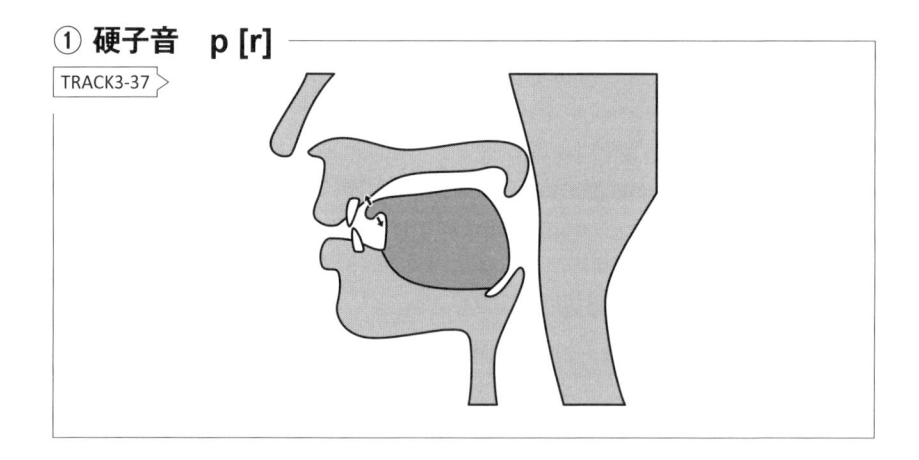

① 硬子音　р [r]

TRACK3-37

ロシア語の硬子音 р [r] の発音の際は、緊張させかすかに上方に反り返った舌先を、呼気の流れによってふるえさせながら歯茎にぶつけます。

舌先のふるえる回数はさまざまで、語の中のこの子音の位置によって異なります。舌先がふるえて歯茎にぶつかる回数がいちばん多いのは語末にあるときです。たとえば разговóр [rəzgavór]「会話」という単語の場合、語頭より語末の р のほうが舌先のふるえる回数が多くなります。

Section29　硬子音 р [r] と軟子音 р [r']

　学習の初期段階では、どの位置にあっても、多少大げさな発音、すなわち、ふるえの回数を多めにして、強調して発音することをおすすめします。

　また、ロシア語のこの子音の代わりに、ドイツ語やフランス語にあるような、口蓋垂（のどひこ）を使った発音をしないように注意しましょう。

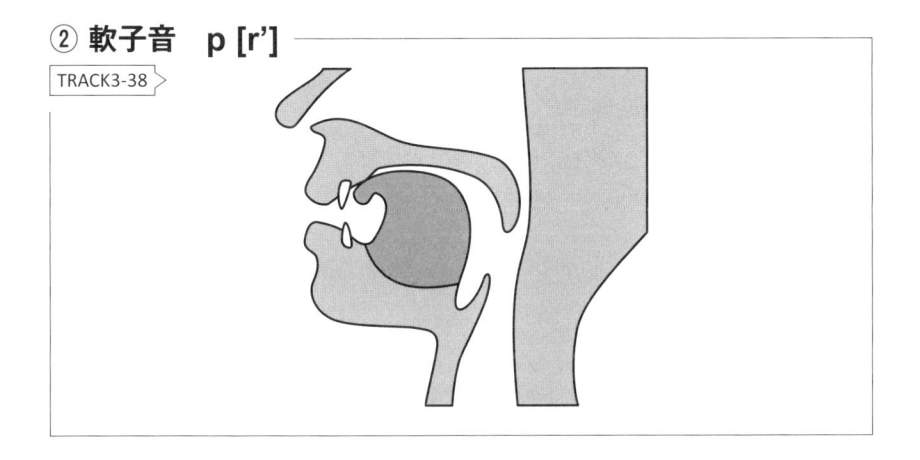

② 軟子音　р [r']

TRACK3-38

　軟子音 р [r'] の発音における舌先の歯茎へのぶつかりは、1回だけです。それゆえ、р [r'] の発音の口つきを確かめるには、この子音とともに前方で発音される母音 и [i] の発音を組み合わせるのがふつうです。и [i] の発音を伴うことで、舌先を動かしやすくなります。補助音として、р [r], р [r'] と同じ位置で調音される з [z], д [d] を利用するのもよいでしょう。

発音練習 1

　まずは母音 и [i] や 補助音 з [z], д [d] などを伴う、発音しやすい音から練習を始めましょう。

TRACK3-39

здри‐зри… зри… здри‐зри‐ри… ре… ря… рё…
дере́вня… де́рево… се́рия…
ря‐рья… рё‐рьё… серьёзный… ре‐рье… ре́зать…

карье́ра...
ра-ря-рья... ра́дио – ря́дом... ро-рё-рьё... уро́к –
Серёжа... ры-ри-рьи... ры́ба – рису́нок... три́дцать три...

単語

дере́вня 村	ря́дом 隣に
де́рево 木	уро́к 授業
се́рия シリーズ	Серёжа セリョージャ（人名）
серьёзный 真面目な	ры́ба 魚
ре́зать 切る	рису́нок 絵
карье́ра 出世	три́дцать три 33
ра́дио ラジオ	

例文 1

TRACK3-40

– Ско́^{2}лько ему́ лет? Три́^{3}дцать?　　彼は何歳ですか？ 30歳？
– Не^{1}т, ему́ уже́ три́дцать три^1 го́да.　いいえ、彼はもう33歳です。
– А е^{4}й? Ей то́^{3}же три́дцать три?　　彼女は？ 彼女も33歳？
– Не^{1}т, ей три́дцать оди́^{1}н год.　　いいえ、彼女は31歳です。

発音練習 2

長めの単語を発音してみましょう。とくに р [r] と л [l] の区別に気をつけましょう。

TRACK3-41

серьёзная статья́... серьёзная боле́знь... серьёзный докла́д... серьёзное де́ло...
де́рево – телефо́н... дере́вня – нале́во... ре́ктор – ле́ктор...
（真面目な記事、深刻な病気、重要な報告、真剣な事業、

Section29　硬子音 р [r] と軟子音 р [r']

木、電話、村、左に、学長、講師）

例文2

発音とイントネーションの違いに気をつけて発音しましょう。

TRACK3-42

1. Серьё³зно?　　　本気？
   Серьё¹зно.　　　本気だ。

2. Это ле¹ктор.　　これは講師です。
   Это ре²ктор!　　これは学長です！

3. Это ря¹дом.　　それは、すぐ隣です。
   Это ря²дом!　　それは、すぐ隣だ！
   Это ря³дом?　　それは、すぐ隣なの？

発音練習3

р [r] を使った、より長めの文を読んでみましょう。まずは、例文3に使われる単語の発音を練習しましょう。

TRACK3-43

брат... граница... друзья... другой... трудно... карта... смотреть... красный... парк... сразу... курс... шарф... страница... карандаш... спрашивать... открытка...
（兄（または弟）、境界、親友（複数形）、別の、難しい、地図、見る、赤い、公園、すぐに、コース、マフラー、頁、鉛筆、質問する、はがき）

例文 3

TRACK3-44

1. – У тебя́ е³сть ка́рта?
   – Да¹, у меня́ е¹сть ка́рта.

   「君、地図を持っている？」
   「ああ、僕は地図を持っているよ」

2. – У вас е³сть кра́сный каранда́ш?
   – Да¹, у меня́ е¹сть кра́сный каранда́ш.

   「あなたは赤鉛筆を持っていますか？」
   「ええ、私は赤鉛筆を持っています」

3. – У него́ е³сть слова́рь?
   – Да, у него́ е¹сть слова́рь.

   「彼は辞書を持っているだろうか？」
   「ええ、彼は辞書を持っています」

4. – У неё е³сть кра́сный шарф?
   – Да¹, у неё е¹сть кра́сный шарф.

   「彼女は赤いマフラーを持っていますか？」
   「はい、彼女は赤いマフラーを持っています」

5. – Отку́²да вы прие́хали?
   – Я прие́хал из Фра́¹нции. А вы⁴?
   – Я прие́хал из А́¹нглии.
   – А Ро́⁴берт? Отку́²да прие́хал Ро́берт?
   – Ро́берт прие́хал из Австра́¹лии.

   「あなたはどこから来たのですか？」
   「私はフランスから来ました。あなたは？」

Section29　硬子音 p [r] と軟子音 p [r']

「私はイギリスから来ました」
「ロバートは？　ロバートはどこから来たのですか？」
「ロバートはオーストラリアから来ました」

6. – Отку́²да прие́хал Фри́дрих?
　　– Он прие́хал из А́³встрии, из го́рода Ве́¹ны.

「フリードリヒはどこから来たのですか？」
「彼はオーストリアの、ウィーン市から来ました」

＊文の途中でポーズがある場合は、ふつう **ИК-3** になります

7. – Отку́²да вы прие́хали?
　　– Я прие́хал из префекту́ры Фукуси́¹ма.

「あなたはどこから来ましたか？」
「私は福島県から来ました」

Section 30　軟子音　к [k'], г [g'], х [x']

① 軟子音　к [k'], г [g']
TRACK3-45

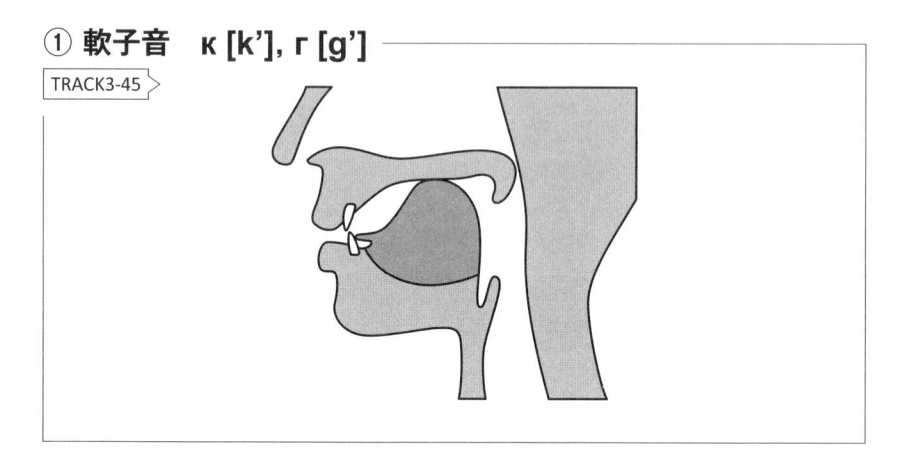

　軟子音 к [k'], г [g'] の発音は、日本人にとって難しくありません。これらの軟子音の調音は、対応の硬子音の調音と比べて、発音の際、舌が前方へ移動し、舌の中部と後部が、硬口蓋の後ろの端に密着する点が異なります。

② 軟子音　х [x']
TRACK3-46

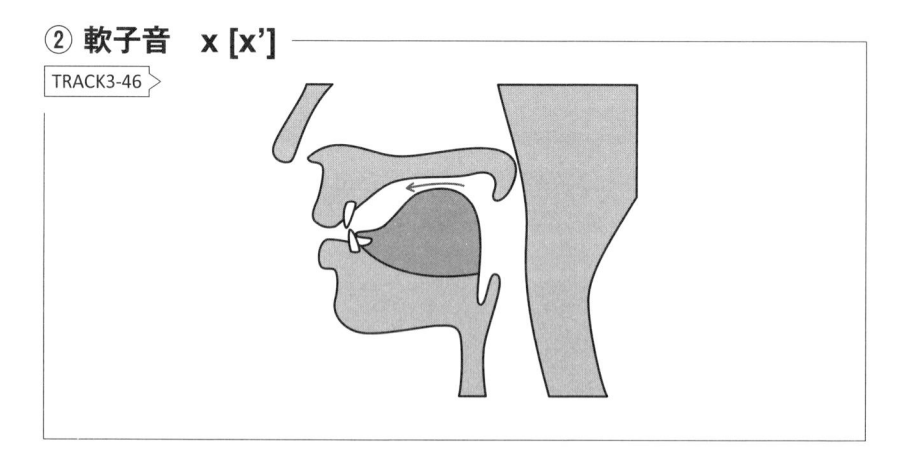

　軟子音 х [x'] の発音の際も、舌は前方に移動し、舌の中部と硬口蓋の間に隙間が形成されます。それに対して硬子音 х [x] の調音では、舌の後部と軟

Section30 軟子音　к [k'], г [g'], х [x']

口蓋の間に隙間を作ります。

つまり、軟子音 к [k'], г [g'], х [x'] は、対応の硬子音の調音とは異なり、口腔の後部ではなく、中部で調音されるのです。

発音練習

TRACK3-47

1. хи… ки… ги… хе… ке… ге… стихи́… языки́… кни́ги…

単語

стихи́ 詩
языки́ 言語（複数）
кни́ги 本（複数）

TRACK3-48

2. ру́сский… ру́сские… ру́сских… англи́йский… англи́йские… англи́йских… кита́йский… кита́йских… неме́цкий… неме́цких… францу́зский… францу́зских… япо́нский… япо́нских…

単語

ру́сский ロシアの（複数主格 ру́сские, 複数生格 ру́сских）
англи́йский イギリス [英語]の（複数主格 англи́йские, 複数生格 англи́йских）
кита́йский 中国の（複数生格 кита́йских）
неме́цкий ドイツの（複数生格 неме́цких）
францу́зский フランスの（複数生格 францу́зских）
япо́нский 日本の（複数生格 япо́нских）

例文

TRACK3-49

1. – Каки́²е языки́ вы зна́ете?
   – Я зна́ю япо́³нский, ру́³сский и англи́¹йский.

   「あなたはどんな言語を知っていますか？」
   「私は日本語とロシア語と英語を知っています」

2. – Вы говори́³те по-ру́сски?
   – Да¹, я говорю́¹ по-ру́сски.

   「あなたはロシア語が話せますか？」
   「ええ、私はロシア語が話せます」

3. – Вы хорошо́³ говори́те по-англи́йски?
   – Да¹, я говорю́ по-англи́йски непло́¹хо.

   「あなたは英語がよく話せますか？」
   「はい、私は英語がわりとよく話せます」

4. – А по-неме́цки вы говори́³те?
   – Немно́¹го.
   – А по-францу́⁴зски?
   – По-францу́¹зски я не говорю́.

   「ではドイツ語は話せますか？」
   「少し」
   「フランス語は？」
   「フランス語は話せません」

5. – Како́²й ваш родно́й язы́к?
   – Мой родно́й язы́³к – япо́¹нский.

Section30　軟子音　к [k'], г [g'], х [x']

「あなたの母語は何語ですか？」
「私の母語は日本語です」

6. — А каки́е иностра́²нные языки́ вы зна́ете?
   — Я зна́ю ру́³сский и англи́¹йский.

「ではあなたはどんな外国語を知っていますか？」
「私はロシア語と英語を知っています」

7. — На како́²м языке́ вы говори́те до́ма?
   — До́ма я говорю́ по-япо́¹нски.

「あなたは家では何語で話していますか？」
「家では日本語で話しています」

Section 31　子音　ч [tʃ']

TRACK3-50

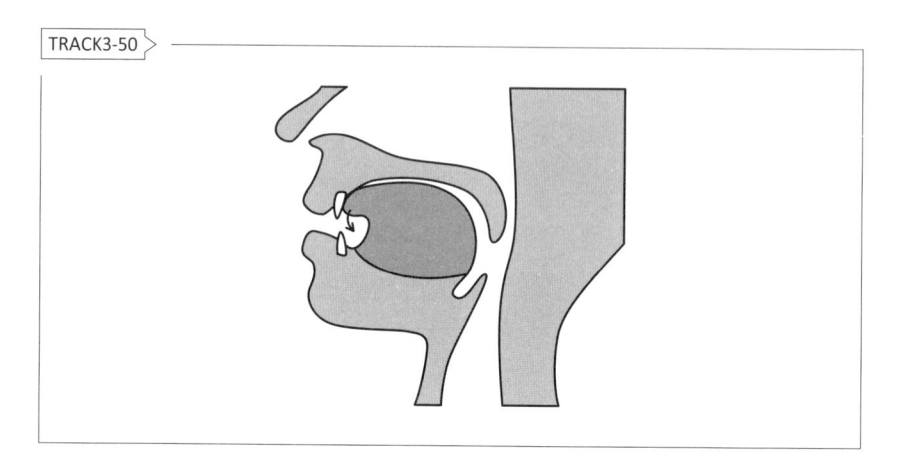

　子音 ч [tʃ'] はつねに軟音です。日本語の「チ」の子音によく似ているので、ч [tʃ'] の発音は日本人にとって、たいてい難しいものではありません。
　ロシア語の ч [tʃ'] も日本語の「チ」の子音も、調音法は同じで、舌の前部および舌先は歯茎に密着し、呼気の流れがこの閉鎖を破り、隙間を通り過ぎます。子音 ч [tʃ'] は舌先が下の前歯に落ちず、歯茎に密着して、発音されます。この閉鎖が、いわば破裂するかのように解かれることに注意しましょう。ロシア語の [tʃ'] は、日本語の「チ」と比べて、より力強くはっきりした活気ある音です。

発音練習

TRACK3-51

1. ичи́-чи... чи... че... чу... чо... ча... чья... ча-чья... чьё... чо-чьё... чу-чью... чей – чьи... час... ча́сто...

Section31 子音 ч [ʧ']

単語

чей, чья, чьё, чьи 誰の（男性、女性、中性、複数）

час 時間
чáсто しばしば

TRACK3-52

2. я хочý… зачéм… числó… врач… ночь… тóчка… рýчка… часы́… ученúк… учéбник… чей – чья – чьё…

（私は望む、何のために、数、医師、深夜、点、ペン、時間（複数）[時計]、生徒、教科書、誰の（男性、女性、中性））

ч はつねに軟音として発音されるにもかかわらず、ロシア語の正書法によれば、ч の後に я, ю という文字を書いてはいけません。代わりに а, у を書きます。それゆえ、часы́ という単語は [ʧ'ɪsí] と発音されます。第一音節のアクセントのない母音は、アクセントのない я の発音 [ɪ] となるのです。

TRACK3-53

例 часы́ [ʧ'ɪsí] 時間（час の複数形）/ 時計

ч の後に軟音記号があっても無くても、この子音の音は変わりません。

TRACK3-54

例 мочь [móʧ'] できる　задáч [zadáʧ'] 問題（задáча）の複数生格形

例文

TRACK3-55

1. – Че²й э́то карандáш?
   – Э́то мо¹й карандáш.

「これは誰の鉛筆ですか？」
「これは私の鉛筆です」

2. – Чья² э́то кни́га?
   – Э́то моя́¹ кни́га.

   「これは誰の本ですか？」
   「これは私の本です」

3. – Чьё² э́то пальто́?
   – Э́то моё¹ пальто́.

   「これは誰のコートですか？」
   「これは私のコートです」

4. – Че²й э́то па́спорт? Ва³ш?
   – Да¹, э́то мо¹й па́спорт.

   「これは誰のパスポートですか？ あなたの？」
   「はい、これは私のパスポートです」

5. – Чья² э́то тетра́дь? Ва́³ша?
   – Да¹, э́то моя́¹ тетра́дь.

   「これは誰のノートですか？ あなたの？」
   「はい、これは私のノートです」

練習問題 5

例文を参考にしながら、例にならって、与えられた文が答えになるような2つの疑問文（**ИК-2** と **ИК-3** を使ったもの）を作りなさい。

TRACK3-56

例 Э́то моя́¹ кни́га. – Чья́² э́то кни́га? Ва́³ша?
これは私の本です。— これは誰の本ですか？　あなたの？

1. Э́то мо¹й журна́л.
2. Э́то мо¹й каранда́ш.
3. Э́то моя́¹ маши́на.
4. Э́то моя́¹ ру́чка.
5. Э́то моё¹ письмо́.

訳

1. これは私の雑誌です。
2. これは私の鉛筆です。
3. これは私の車です。
4. これは私のペンです。
5. これは私の手紙です。

答え

1. Че²й э́то журна́л? Ва́³ш?　　（これは誰の雑誌ですか？　あなたの？）
2. Че²й э́то каранда́ш? Ва́³ш?　（これは誰の鉛筆ですか？　あなたの？）
3. Чья² э́то маши́на? Ва́³ша?　（これは誰の車ですか？　あなたの？）
4. Чья² э́то ру́чка? Ва́³ша?　　（これは誰のペンですか？　あなたの？）
5. Чьё² э́то письмо́? Ва́³ше?　（これは誰の手紙ですか？　あなたの？）

発音練習

これまで学んだ軟子音の発音のまとめとして、以下の例文を読んでみましょう。

TRACK3-57

сиде́ть и чита́ть… чита́ть и писа́ть… спра́шивать и отвеча́ть… объясня́ть….
（座って読む、読んで書く、質問し答える、説明する）

例文

TRACK3-58

Я чита́ю и пишу́.
私は読み、書く。

Ты чита́ешь и пи́шешь.
君は読み、書く。

Он чита́ет и пи́шет.
彼は読み、書く。

Мы чита́ем и пи́шем.
私たちは読み、書く。

Вы чита́ете и пи́шете.
あなたは読み、書く。

Они́ чита́ют и пи́шут.
彼らは読み、書く。

読んでみよう２「私たちのグループ」

　これまで学んだ発音が登場する例文を音読してみましょう。文章は、発音練習用にゆっくり、次に普通のスピードで、合計２回読まれます。

TRACK3-59, 60

Нáша грýппа.

　Меня́ зову́т Карл. Я фи́зик. Я прие́хал из Герма́нии. Мой родно́й язы́к неме́цкий. Ро́берт прие́хал из А́нглии. Он матема́тик. Джейн прие́хала из Аме́рики. Она́ исто́рик. Ро́берт говори́т по-англи́йски. Джейн то́же говори́т по-англи́йски.

　Сейча́с мы все живём в Москве́. Мы изуча́ем ру́сский язы́к. На уро́ке мы говори́м по-ру́сски. Преподава́тель объясня́ет и спра́шивает. Мы отвеча́ем. Так идёт уро́к. Вопро́сы просты́е. Мы отвеча́ем пра́вильно.

私たちのグループ

　僕の名前はカールです。僕は物理専攻の学生です。僕はドイツから来ました。僕の母語はドイツ語です。ロバートはイギリスから来ました。彼は数学専攻の学生です。ジェーンはアメリカから来ました。彼女は歴史専攻の学生です。ロバートは英語を話します。ジェーンも英語を話します。

　今、僕らは皆、モスクワに住んでいます。僕らはロシア語を学んでいます。授業で僕らはロシア語で話します。先生は、説明し、質問します。僕らは答えます。こんなふうに授業は行われます。質問は簡単です。僕らは正しく答えます。

Section 32　時間の表現

数詞を使った時間の表現を学びます。

まずは、軟子音 т [t']-ч [tʃ']-д [d']-з [z']-с [s']、硬子音 ц [ts] などを組み合わせて発音練習をしましょう。とくに ц [ts], с [s'], ш [ʃ], ч [tʃ'] を続けて発音するのは大変難しいので、しっかり練習してください。

発音練習

TRACK3-61

1. се - чи... де - чи... ди - чи - со... чи - ца...

次に、数詞を使った時刻の表現を練習してみましょう。

TRACK3-62

2. час... два часа́... три часа́... четы́ре часа́... пять часо́в... шесть часо́в... семь часо́в... во́семь часо́в... де́вять часо́в... де́сять часо́в... оди́ннадцать часо́в... двена́дцать часо́в...

（1時、2時、3時、4時、5時、6時、7時、8時、9時、10時、11時、12時）

時刻に添える表現

一日の時間を表すのに、24 までの数詞を使うのは、公式用語を使う時のみです。口語では、一日の時間を表すのには、12 までの数詞を用います。その際、正確に表すために、у́тро（朝）、день（日中、午後）、ве́чер（夕方、夜）、ночь（深夜、明け方）という単語の生格を添えます。

TRACK3-63

例 пять часо́в ве́чера（夕方の5時）

Section32　時間の表現

発音練習

時刻に添える「朝、昼、夜、深夜」を表す単語の生格形を練習します。単数主格 – 単数生格の順番に並んでいます。

TRACK3-64

у́тро – утра́... день – дня... ве́чер – ве́чера... ночь – но́чи...

*у́тро の生格形は у́тра ですが、「午前」の意味で時刻に添える単数生格形は утра́ となります。また、час の生格形は ча́са ですが、数詞 2, 3, 4 とともに使われる時は часа́ となります。

時間の表現

深夜と朝、あるいは日中と夕方などの時間の正確な境目はありません。だいたい у́тро ＝午前 5 時から 11 時台、день ＝正午から 4 時台、ве́чер ＝午後 5 時から 11 時台、ночь ＝午前 0 時から 4 時台といったところです。

夏期と冬期では境目が異なるのも興味深い点です。夏期は ве́чер の始まる時間が遅く、у́тро は早く始まります。

数詞 1 (оди́н) は、時間に関する口語では、ふつう省きます。「1 時」を表現するためには、час が単数形の名詞なので、それだけで十分だからです。

発音練習

前置詞 в を使った「〜時に」の表現を練習してみましょう。

TRACK3-65

1. час дня – в час дня... два часа́ дня – в два часа́ дня... в четы́ре часа́ дня... в во́семь часо́в утра́... в во́семь часо́в ве́чера... в оди́ннадцать часо́в утра́... в оди́ннадцать часо́в ве́чера...

（昼の1時、昼の1時に、午後2時、午後2時に、午後4時に、朝8時に、夜8時に、午前11時に、夜11時に）

TRACK3-66

2. Он встаёт в семь часо́в утра́... Он за́втракает в во́семь часо́в утра́... Он обе́дает в два часа́ дня... Он у́жинает в де́вять часо́в ве́чера... Уро́к начина́ется в де́вять часо́в утра́... Уро́к конча́ется в де́сять часо́в утра́...

（彼は朝の7時に起きます。彼は朝の8時に朝食をとります。彼は午後2時に昼食をとります。彼は夜の9時に夕食を取ります。授業は朝の9時に始まります。授業は朝の10時に終わります）

例文

TRACK3-67

1. – Когда́² ты обе́даешь?
   – Я обе́даю в ча¹с дня.

   「君はいつ昼ごはんを食べるの？」
   「私は午後1時に昼ごはんを食べるわ」

2. – Ты обе́даешь в столо́³вой?
   – Не¹т, я обе́даю в кафе́¹.

   「君は食堂で食べるの？」
   「いいえ、私はカフェで食べるの」

3. – Когда́² ты ложи́шься спать?
   – Я ложу́сь спать в двена́³дцать часо́в, иногда́ в ча¹с.
   – Так по́³здно?
   – Да¹, мне ну́жно мно́го занима́¹ться.

Section32　時間の表現

「君は何時に寝るの？」
「私は12時に、時々は1時に寝るわ」
「そんなに遅く？」
「ええ、私はたくさん勉強しなければならないから」

*поздно [póznə]（時間的に）おそい
здн の子音結合の場合、д [d] は発音されない（⇒ p.115）

読んでみよう３「私の一日」

時刻の表現を使った例文を読んでみましょう。文章は、発音練習用にゆっくり読んだものと、普通のスピードで読んだものの２回収録されています。

TRACK3-68, 69

Мой день.

Я встаю́ в семь часо́в утра́. Я за́втракаю и иду́ в университе́т. Иногда́ я просыпа́юсь по́здно и не за́втракаю. Ле́кции начина́ются в де́вять часо́в утра́. Я внима́тельно слу́шаю и пишу́. Ле́кции конча́ются в двена́дцать часо́в дня. Пото́м у нас переры́в на обе́д. По́сле переры́ва начина́ется уро́к ру́сского языка́. Мы чита́ем, пи́шем и говори́м по-ру́сски. Я у́жинаю до́ма в во́семь часо́в ве́чера. По́сле у́жина я немно́го отдыха́ю, чита́ю и смотрю́ телеви́зор. Пото́м я занима́юсь. Я ложу́сь спать в оди́ннадцать часо́в ве́чера.

私の一日

私は朝７時に起きます。私は朝食をとり、大学に行きます。時々私は寝坊して、朝食を食べません。講義は朝９時に始まります。私は注意深く聴講し、書き留めます。講義は昼の12時に終わります。その後、昼休みがあります。昼休みの後、ロシア語の授業が始まります。私たちはロシア語を読んだり、書いたり、話したりします。私は自宅で夜８時に夕食をとります。夕食後、私は少し休憩し、読書をしたりテレビを見たりします。それから勉強します。私は夜の11時に寝ます。

*по́сле は前置詞なので、うしろの単語とつなげて発音します

発音練習

軟子音 т [t'] と ч [tʃ'], ц [ts] の区別に気をつけて、発音してみましょう。

読んでみよう3「私の一日」

TRACK3-70

ти‐чи‐ци... те‐че‐це... тех‐чех‐цех...

アクセントによってのみ区別される動詞

「学ぶ」の不定形 учи́ться [utʃˈittsə] と三人称単数形 у́чится [ˈutʃʼittsə] の発音は、アクセントによってのみ区別されるので、特にアクセントを間違えないように注意しなければなりません。

発音練習

TRACK3-71

1. учи́ться... я учу́сь... ты у́чишься... он у́чится... мы у́чимся... вы у́читесь... они́ у́чатся...

(学ぶ、私は学ぶ、君は学ぶ、彼は学ぶ、私たちは学ぶ、あなたは学ぶ、彼らは学ぶ)

TRACK3-72

2. юриди́ческий факульте́т... учи́ться на юриди́ческом факульте́те... истори́ческий факульте́т... учи́ться на истори́ческом факульте́те... Моско́вский университе́т... в Моско́вском университе́те... учи́ться в Моско́вском университе́те... Токи́йский университе́т... учи́ться в Токи́йском университе́те... Москва́... в Москве́... То́кио... в То́кио... жить в Росси́и...

(法学部、法学部で学ぶ、歴史学部、歴史学部で学ぶ、モスクワ大学、モスクワ大学で、モスクワ大学で学ぶ、東京大学、東京大学で学ぶ、モスクワ、モスクワで、東京、東京で、ロシアに住む)

> TRACK3-73

3. Я живу́ в Москве́... Я учу́сь в Моско́вском университе́те... Ты живёшь в То́кио... Ты у́чишься в Токи́йском университе́те... Он живёт в Берли́не... Он у́чится в Берли́нском университе́те...

（私はモスクワに住んでいます。私はモスクワ大学で学んでいます。君は東京に住んでいる。君は東京大学で学んでいる。彼はベルリンに住んでいます。彼はベルリン大学で学んでいます）

例文

> TRACK3-74

1. – Отку́²да ты прие́хал?
   – Я прие́хал из Фра́¹нции.

「君はどこから来たの？」
「僕はフランスから来たんだ」

2. – Где² ты у́чишься?
   – В Моско́вском университе́¹те. А ты⁴?
   – Я учу́сь в Институ́те иностра́нных языко́¹в.

「君はどこで勉強しているの？」
「モスクワ大学だ。君は？」
「僕は外国語大学で学んでいる」

3. – Како́²й язы́к ты изуча́ешь?
   – Италья́¹нский.

「君は何語を学んでいるんだい？」
「イタリア語だ」

Section 33 軟子音　щ [ʃʼʃʼ]

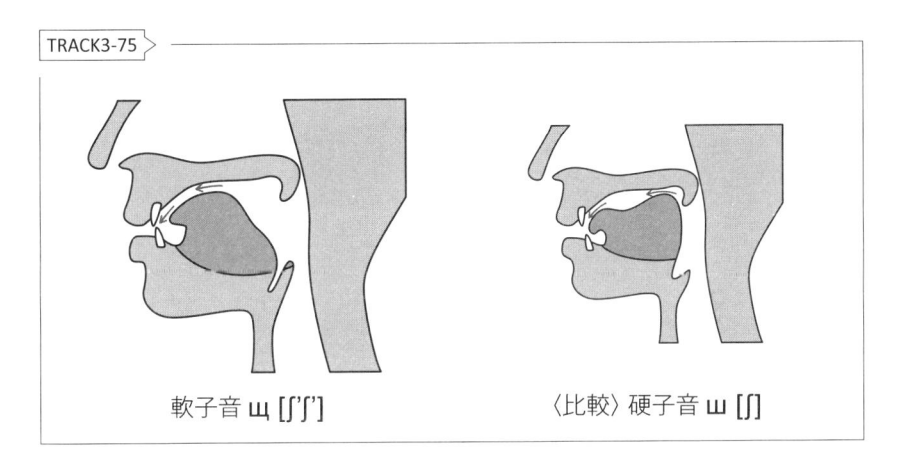

TRACK3-75

軟子音 щ [ʃʼʃʼ]　　〈比較〉硬子音 ш [ʃ]

　子音 щ [ʃʼʃʼ] はつねに長い音で、軟音です。この子音の発音の際、舌全体が前方に移動し、舌と上あごの間に2点の隙間ができます。それは、舌の中部と硬口蓋の間と、広がった舌先と上の前歯の間です。唇は、軽く前に出て、両脇に引かれた状態です。щ [ʃʼʃʼ] は日本人にとっては、ш [ʃ] より発音しやすい音です。つねに軟音として発音される特性から、後ろに母音が来る際は、щ [ʃʼʃʼ] の子音自体を長めに発音した上で、あえてカタカナで書けば「シャ」「シュ」「ショ」などのように発音したときと、ほとんど変わりありません。

発音練習

1. 子音 щ [ʃʼʃʼ] の発音を練習しましょう。

TRACK3-76

　ищи́-щи... щи... ища́-ща... ща... щу... ще... щи-ши...
　щи-ти...
　и́щешь... ащ... ищ... плащ... проща́й... борщ... защи́та...
　о́вощи...

単語

и́щешь 探す（иска́ть の二人称単数形）
плащ レインコート
проща́й さようなら
борщ ボルシチ
защи́та 防御
о́вощи 野菜

2. ш [ʃ] と щ [ʃʃ'] の区別に気をつけて、単語を発音してみましょう。

TRACK3-77

я пишу́ – я ищу́... меша́ть – обеща́ть... тишина́ – ве́щи...

単語と訳

я пишу́ 私は書く
я ищу́ 私は探す
меша́ть 邪魔する
обеща́ть 約束する
тишина́ 静寂
ве́щи もの（複数形；単数形は вещь）

3. 軟子音 щ [ʃʃ'], ч [tʃ'] と硬子音 ш [ʃ], ж [ʒ]、その他、日本人が混同しやすい発音をしっかり区別しながら、読んでみましょう。

TRACK3-78

ща - ся - тя... тя - ща - ся... жи - ти - щи... ща - ца - ся...
зна́ющий студе́нт... выдаю́щийся писа́тель...
на́ше студе́нческое общежи́тие...

単語と訳

зна́ющий студе́нт 知識のある学生
выдаю́щийся писа́тель 傑出した作家
на́ше студе́нческое общежи́тие 私たちの学生寮

Section 34　イントネーションの型5　ИК-5

TRACK3-79

← 中間的トーン

Како́й у неё го́лос!

（彼女はなんという声だろう！）

　ИК-5 が使われる最も典型的な例は、通常**文頭に感嘆詞**（**како́й, как, ско́лько** など）を伴う質的・量的評価を表現する感嘆文です。他の ИК と異なり、ИК-5 には、イントネーションの中心が2つあります。
　ИК-5 は中間的トーンで始まり、1つ目のイントネーションの中心のアクセントのある音節で、音調は上昇し、その上昇した音調は、2つ目のイントネーションの中心まで続きます。そこで音調は中程度より低く下降します。ИК-5 の発話は、たいてい多少ゆっくりしたテンポになります。

TRACK3-80

Како́й сего́дня день!

（今日はなんていう日なんでしょう！）

Како́й краси́вый го́лос!

（なんて綺麗な声でしょう！）

Как мно́го здесь люде́й!

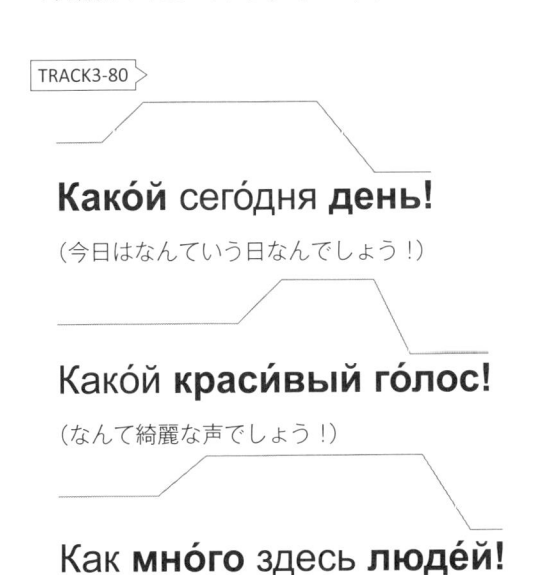

（ここにはなんてたくさんの人がいるんでしょう！）

発音練習

イントネーションの違いに気をつけながら、以下の例文を読んでみましょう。ИК-5のイントネーションの中心は2つあります。2か所に5の数字をつけました。

TRACK3-81

1. – Како́²й сего́дня день?
   – Сего́дня среда́¹.

   「今日は何曜日?」
   「今日は水曜日です」

   – Како́⁵й сего́дня де⁵нь!
   – Да¹, пого́да чуде́¹сная.

   「今日はなんという日だろう!」
   「ええ、お天気が素晴らしいですね」

2. – Како́²й у него́ го́лос?
   – Те́¹нор.

   「彼はどんな声ですか?」
   「テノールです」

   – Како́⁵й у него́ го́⁵лос!
   – Да¹, его́ мо́жно слу́шать часа́¹ми.

   「彼はなんという声だろう!」
   「ええ、何時間でも聴いていられますね」

3. – Он пи́шет рома́¹н.
   – Како́²й рома́н?
   – Истори́¹ческий. Како́⁵й рома́⁵н!

   「彼は小説を書いている」
   「どんな小説?」
   「歴史小説だ。なんという小説だろう!」

Section 35 いくつかの子音結合の特殊な発音

ある種の子音が結合した場合、文字通りに読まれない例があるので注意が必要です。

1. сш と зш の子音結合は、硬い ш の長音 [ʃʃ] として発音されます。

TRACK4-1

расши́рить [raʃʃír'it'] 広げる　без ша́пки [b'ɪʃʃápk'i] 帽子なしで

2. жч の子音結合は [ʃ'ʃ'] として発音されます。

TRACK4-2

мужчи́на [muʃ'ʃ'ínə] 男性　перебе́жчик [p'ɪr'ɪb'éʃ'ʃ'ik] 投降者

3. зж は [ʒʒ] として発音されます。

TRACK4-3

по́зже [póʒʒɪ] より遅く　без жены́ [b'ɪʒʒɪní] 妻なしで

4. гк は [xk] として発音されます。

TRACK4-4

легко́ [l'ɪxkó] 容易だ　мя́гкий [m'áxk'ij] 軟らかい

5. гч は [xtʃ'] として発音されます。

TRACK4-5

ле́гче [l'éxtʃ'ɪ] より軽い　смягчи́ть [sm'ɪxtʃ'ít'] 軟らかくする

6. тч と дч は、[t'tʃ'] として発音されます。

> TRACK4-6

óтчество [ót'tʃ'ɪstvə] 父称　лётчик [l'ót'tʃ'ik] 飛行士
подчеркну́ть [pət'tʃ'ɪrknút'] 強調する
под часа́ми [pət'tʃ'ɪsám'i] 時計の下で

7. чн は、ある種の単語で [ʃn] として発音されます。

> TRACK4-7

коне́чно [kan'éʃnə] もちろん

8. что から派生した単語の中の чт は、[ʃt] として発音されます。

> TRACK4-8

ни за что [n'izaʃtó] どんなことがあっても
что́бы [ʃtóbɨ] 〜するために　ничто́ [n'iʃtó] 何も〜でない

例外

> TRACK4-9　не́что [n'étʃ'tə] 何か

не́что は、文語的に使われるものなので、例外的に文字通り発音されます。

9. тс, дс の子音結合は、[ts] として発音されます。

> TRACK4-10

сиро́тский [s'irótsk'ij] 孤児の　городско́й [gəratskój] 町の

10. сч と зч の結合は、それが置かれる場所に応じて、2通りの発音になります。

①この子音結合が前置詞と次の語の接触点にあるか、接頭辞と語幹の接触点にある場合、[ʃ'tʃ'] と発音されます。後者の場合に当たるのは、сч だけです。

Section35　いくつかの子音結合の特殊な発音

> TRACK4-11

с чем [ʃ'ʧ'ém] 何とともに　из чёрного [iʃ'ʧ'órnəvə] 黒いものから
без чувств [b'ɪʃ'ʧ'ústf] 感情抜きで　исчéрпать [iʃ'ʧ'érpət'] 使い果たす
расчистить [raʃ'ʧ'ís't'it'] 掃除する

②この子音結合が語幹と接尾辞 -чик の接触点にある場合（または現代では接頭辞と認められていないが接頭辞の位置と語幹の接触点にある場合）、[ʃʃ] と発音されます。

> TRACK4-12

рассказчик [raskáʃ'ʃ'ik] 語り手　счастье [ʃ'ʃ'ás't'jə] 幸福
считáть [ʃ'ʃ'itát'] 数える　исчéзнуть [iʃ'ʃ'éznut'] 消える

発音されない（サイレントの）子音

1. стн の子音結合では、т [t] は発音されません。

> TRACK4-13

извéстный [izv'ésnij] 有名な　рáдостный [rádəsnij] 喜ばしい
ýстный [úsnij] 口頭の　шестнáдцать [ʃisnáttsət'] 16

2. здн の子音結合では、д [d] は発音されません。

> TRACK4-14

пóздно [póznə] 遅い　звёздный [zv'óznij] 星の
прáздник [práz'n'ik] 祝祭

3. стл の子音結合では、т [t] は発音されません。

> TRACK4-15

счастли́вый [ʃ'ʃ'ɪsl'ívij] 幸福な

4. стск の子音結合は、т [t] は発音されず、[ssk] となります。

TRACK4-16

마рксйстский [marks'íssk'ij] マルクス主義の
расйстский [ras'íssk'ij] 人種差別論者の

5. 子音結合 ндск と нтск の場合、[nsk] と発音されることがあります。

TRACK4-17

голла́ндский [galántsk'ij / galánsk'ij] オランダの

6. 子音結合 вств では、初めの в [v] は発音されません。

TRACK4-18

здра́вствуйте [zdrástvujt'ɪ] こんにちは　чу́вство [tʃ'ústvə] 感情

7. 子音結合 рдц では、д [d] は発音されません。

TRACK4-19

се́рдце [s'értsə] 心

8. 子音結合 лнц では、л [l] は発音されません。

TRACK4-20

со́лнце [sóntsə] 太陽

Practice

ロシア語朗読に挑戦しよう

1. アグニヤ・バルト作「子供のための詩」

ロシアで子供がよく知っている詩です。

ロシアの作詩法には、①アクセントの配置をそろえる、②各行の最後の単語を、2行ずつ、あるいは1行おきにそろえていくなどの決まりがあります。②については、単語の主に後半を正確に同じ音でそろえる場合も、似た音でそろえる場合もあります。該当部分を太字で示しました。

詩のこうしたリズムにも注目して、発音してみましょう。

TRACK4-21

А́гния Барто́ 《Стихи́ для дете́й》

(1) На́ша Та́ня гро́мко пла́чет:
　　Урони́ла в ре́чку мя́чик.
　　Ти́ше, Та́нечка, не плачь,
　　Не уто́нет в ре́чке мяч.

うちのターニャがわあわあ泣いています。
川にボールを落としちゃった。
落ち着いて、ターネチカ、泣かないで、
ボールは川で溺れないよ。

＊Та́ня（ターニャ）は Татья́на の愛称。Та́нечка（ターネチカ）は Та́ня のさらなる愛称

TRACK4-22

(2) Уронили мишку на пол,
　　Оторвали мишке лапу.
　　Всё равно его не брошу,
　　Потому что он хороший.

　ミーシカが床に落ちちゃった。
　手が一本取れちゃった。
　それでもミーシカを捨てないよ、
　ミーシカは可愛いからね。

*мишка（ミーシカ）は熊のぬいぐるみ。男性名詞だが、変化は女性名詞と同じになる

TRACK4-23

(3) Зайку бросила хозяйка,
　　Под дождём остался зайка.
　　Со скамейки слезть не смог,
　　Весь до ниточки промок.

　おかみさんが、うさちゃんを捨てた。
　うさちゃんは雨の中に置き去り。
　ベンチから這い降りることはできなかったから、
　どこもかしこも、ずぶ濡れになっちゃった。

*зайка は заяц（うさぎ）の愛称なので男性名詞

TRACK4-24

(4) Спать пора, уснул бычок,
　　Лёг в коробку на бочок.
　　Сонный мишка лёг в кровать.
　　Только слон не хочет спать.
　　Головой кивает слон,
　　Он слонихе шлёт поклон.

1. アグニヤ・バルト作「子供のための詩」

もうねんねの時間だよ、モーモー（牛ちゃん）は
箱に入って横向きにねんね。
眠たいミーシカはベッドでねんね。
象さんだけは眠くない。
頭を振り振り
メスの象さんにごあいさつ。

*бычо́к は бык（オスの牛）の指小形

2. コルネイ・チュコフスキー作「電話」

　この詩は 1926 年に書かれたもので、ロシアで最も知られている作品の一つです。いくつかの行は、すでに昔から「名句」となっています。これまで学んださまざまなイントネーションが登場するこの詩で、発音のおさらいをしましょう。ここではイントネーションの中心となる単語を太字で示し、ИК の番号を示しました。

Телефо́н – Корне́й Чуко́вский

TRACK4-25

У меня́ зазвони́л **телефо́¹н**.	うちの電話が鳴り始めました。
– **Кто²** говори́т?	「どなたですか?」
– **Сло¹н**.	「象です」
– **Отку́²да**?	「どこからですか?」
– От **верблю́¹да**.	「ラクダのところからです」
– **Что²** вам на́до?	「何のご用でしょう?」
– **Шокола́¹да**.	「チョコレートをください」
– Для **кого́²**?	「誰のための?」
– Для **сы́¹на** моего́.	「うちの息子のための」
– А **мно́³го** ли присла́ть?	「たくさん送りますか?」
– Да пудо́в э́так **пя¹ть**	「そうね、まあ、5、
И́ли **ше¹сть**:	6 プードぐらいかな。
Бо́льше ему́ **не съе¹сть**,	それ以上は、坊やは食べられない。

2. コルネイ・チュコフスキー作「電話」

Он у меня ещё **ма²ленький**! うちの坊やは、まだ小さいからね！」

*пуд（プード）はロシアの重さの単位。1 プード＝16.38kg

TRACK4-26

А пото́м позвони́л その後、ワニからかかってきました。
Крокоди́¹л

И со слеза́ми **проси́¹л**: ワニは涙ながらに頼むのです。

– Мой **ми́²лый**, **хоро́²ший**, 「どうかお願いだ、

Пришли́ мне **кало́¹ши**, うちにオーヴァーシューズを送ってくれよ。

И **мне³**, и **жене́³**, и **Тото́¹ше**. 僕と妻とトトーシャのために」

– **Посто́²й**, не **тебе́³** ли 「ちょっと待って。たしか君には、

На про́шлой **неде́³ле** 先週

Я вы́слал две **па́³ры** オーヴァーシューズを2足

Отли́чных **кало́¹ш**? 最高のを送ったでしょう？」

– **Ах²**, **те³**, что ты вы́слал 「ああ、先週

На про́шлой **неде́³ле** 送ってくれたのは、

Мы давно́ уже́ **съе́¹ли** もっとつくに食べちゃったよ。

И ждём, не **дождё³мся**, 今か今かと待っているんだ。

Когда́ же ты сно́ва **пришлё́³шь** 君がまた送ってくれるのを。

К на́шему **у́³жину** うちの夕食に、

Дю́³жину 1 ダースの

Но́вых и сла́дких кало́²ш! 新しくて甘いオーヴァーシューズを送ってくれるのを。

*кало́ши オーヴァーシューズ、ゴムの上履き

（中略）

TRACK4-27

А пото́м позвони́л медве́¹дь その後、クマがかけてきました。

Да как на́²чал, как на́²чал реве́ть. 話しはじめたと思ったら、唸ってばかり。

– Погоди́²те, медве́дь, не реви́²те, 「ちょっと待ってください、クマさん、吼えないでくださいよ

Объясни́²те, чего́ вы хоти́²те? 何のご用か説明してください。

Но он то́лько "му⁴" да "му⁴", でもクマは「ウーウー」言うばかり。

А к чему́², почему́² – 何のことやら、さっぱり

Не пойму́²! わかりません！

– Пове́сьте, пожа́луйста, тру́²бку! 「電話を切ってください！」

（中略）

TRACK4-28

И така́я дребеде́³нь こんな馬鹿ばかしいことばかり、

2. コルネイ・チュコフスキー作「電話」

Це́лый **де¹нь**:	一日じゅう、
Динь-ди-**ле²нь**,	リン、リン、リン、
Динь-ди-**ле²нь**,	リン、リン、リン
Динь-ди-**ле²нь**!	リン、リン、リン！
То **тюле³нь** позвони́т, то **оле́¹нь**.	アザラシがかけてきたり、シカがかけてきたり。

（中略）

TRACK4-29

Я три но́чи **не спа²л**,	私は３晩も眠れませんでした。
Я **уста́²л**.	疲れてしまいました。
Мне бы **засну́³ть**,	ああ、ねむい、
Отдохну́¹ть...	ゆっくり休みたい…
Но то́лько **я лё³г** –	なのに、横になったとたん、
Звоно́²к!	また電話！
– **Кто²** говори́т?	「どなたですか？」
– **Носоро́¹г**.	「サイです」
– Что **тако́²е**?	「何ですか？」
– **Беда́²**! **Беда́²**!	「たいへんだ！　たいへんだ！
Беги́те скоре́е **сюда́²**!	はやくこっちへ来てください！」
– В чём **де́²ло**?	「どうしたんです？」

– Спаси́²те!	「助けてください！」
– Кого́²?	「誰を？」
– Бегемо́²та!	「カバですよ！
Наш бегемо́т провали́лся в боло́¹то...	うちのカバが沼に落ちて…」
– Провали́лся в боло́³то?	「沼に落ちた？」
– Да!²	「そうなんです！
И ни туда́³, ни сюда́²!	にっちもさっちも行かないんです！
О, е́сли вы не придё³те –	あなたが来てくれなけりゃ、
Он уто́²нет, уто́²нет в боло́те,	カバは溺れてしまう、沼に沈んでしまう、
Умрё²т, пропадё²т	死んじゃいますよ、もうだめだ、
Бегемо́²т!!!	カバは！！！」
– Ла́²дно! Бегу́²! Бегу́²!	「わかりました！　すぐ行きますよ！
Е́сли могу́³, помогу́²!	何とかしましょう、もしできればね！」
Ох, нелё⁵гкая э́то рабо́⁵та –	こいつは、たいへんだ、
Из боло́та тащи́ть бегемо́²та!	沼の中からカバを引き上げるなんて！

1926

2. コルネイ・チュコフスキー作「電話」

チュコフスキー作「電話」について

　この詩は 1926 年に書かれたもので、ロシアで最も知られている作品の一つです。ほとんどすべての人が、子供時代からこれに親しみ、大多数の人たちが詩の全体あるいは一部を暗記しています。いくつかの行は、すでに昔から「名句」となっています。「名句」というものは、比喩的あるいは格言的な性格を持ちます。重要なのは、これらすべてが、歴史的あるいは文学的源泉を持つことです。源泉となり得るのは、文学作品のほかに、現代の事件、社会評論、有名人の発言、映画、歌などです。それらは日常の発言やマスコミの言説や広告の文句などにも使われます。

　「電話」の中でいちばん有名な表現は、「こいつは、たいへんだ、沼の中からカバを引き上げるなんて！」です。これは、名句辞典にもたいてい載っており、次のようなケースで使われます。①困難な辛い仕事について、冗談めかして言う場合、②複雑にもつれたややこしい事情について言う場合、③誰かの活動について皮肉っぽい態度を表す場合。

　話し言葉では「どこからですか？」「ラクダのところからです」が広く使われます。その意味は、次のようなものです。「君の質問は馬鹿げてる、君自身がこの質問の回答を知っているんだろう」あるいは「その質問に私は答えたくない、情報の起源を明かしたくない」。

　面白いのは、チュコフスキーの詩には、そんな意味はなく、ただの質問と答えである点です。

　「何のことやら、さっぱりわかりません」は、起こっている出来事や何かの行為の動機、あるいは誰かが言ったことがわからないときに使います。

　「何とかしましょう、もしできればね」は、援助を冗談ぽく申し出たり、援助の要請に冗談ぽく答えるときに使います。

　「こんな馬鹿ばかしいことばかり、一日中」はイライラさせられる出来事がいつまでも続くときや、つまらない仕事が山ほどあるときに使います。

　最初の一行「うちの電話が鳴り始めました」は、突然の電話について話すときに引用されます。「何のご用でしょう？」「チョコレートをください」は、記事や広告などでチョコレートについて話す場合によく使います。そのような名前の電子ゲーム（「クェスト」）もあるほどです。

3. 早口ことば - Скороговóрки.

最後は、ロシアの早口ことばに挑戦しましょう。

TRACK4-30

1. Шла Сáша по шоссé (и сосáла сýшку).

    サーシャは道路を歩いていた (そしてビスケットをなめていた)。

    *сýшка 輪形の甘いビスケット。スーシュカ

2. На дворé травá, на травé дровá.

    庭には草が、草の上には薪がある。

3. Карл у Клáры укрáл корáллы, (а Клáра у Кáрла укрáла кларнéт).

    カールはクララから珊瑚を盗み、(クララはカールからクラリネットを盗んだ。)

4. Мáма мыла Милу мылом, (Мила мыло не любила).

    ママはミーラを石鹸で洗った (ミーラは石鹸が嫌いだった。)

5. Шесть мышáт в камышáх шуршáт.

    6匹の子ねずみが、アシのやぶの中でコソコソ動いている。

6. Óсип охрип, а Архип осип.

    オーシプはシャガレ声になり、アルヒープは声が枯れた。

7. – Расскажите про покýпки.
   – Про какие про покýпки?
   – Про покýпки, про покýпки, про покýпочки свои!

3. 早口ことば – Скороговóрки.

「買い物について話してください」
「買い物についてって、何のことですか?」
「買い物ですよ、買い物、自分が買ったものですよ!」

リュボーフィ・ゴルボフスカヤ（Любовь Яковлевна Голубовская）
1955年生まれ。東京大学教養学部外国人教師。『研究社露和辞典』の校閲を担当。ロシア語教育に長年携わり、『総合ロシア語入門』（研究社）『NHK新ロシア語入門』（日本放送出版協会）をはじめ、多くの教材のナレーターとしても活躍する。

安岡　治子（やすおか・はるこ）
1956年生まれ。東京大学大学院教授。著書に『総合ロシア語入門』（研究社）、『ロシア語入門Ⅰ, Ⅱ』（共著、放送大学出版）、主な訳書にドストエフスキー『白夜／おかしな人間の夢』『地下室の手記』『貧しき人々』（光文社古典新訳文庫）などがある。

KENKYUSHA
〈検印省略〉

基礎から学ぶロシア語発音

2016年6月1日　初版発行

著　者	リュボーフィ・ゴルボフスカヤ	
	安　岡　治　子	
発行者	関　戸　雅　男	
印刷所	研究社印刷株式会社	
発行所	株式会社　研　究　社	

〒102-8152　東京都千代田区富士見2-11-3
電話　営業 03(3288)7777(代)　編集 03(3288)7711(代)
振替　00150-9-26710
http://www.kenkyusha.co.jp/

装丁・本文デザイン	株式会社イオック（日崎智子）
イラスト	株式会社イオック（赤川ちかこ）
編集協力	千葉由美
音声吹き込み	リュボーフィ・ゴルボフスカヤ
音声編集・製作	株式会社　東京録音

© Liubov Golubovskaya and Haruko Yasuoka, 2016
ISBN 978-4-327-39434-9　C 1087　Printed in Japan

研究社の出版案内

総合 ロシア語入門

安岡治子〔著〕

CD付き

A5 判 並製 308 頁
ISBN978-4-327-39419-6 C0087

初歩からしっかり学べる！
独習書の決定版。

発音がよくわかる音声CD付き。

- ロシア語を習得するのに必要な知識を、初歩から体系的にマスターできる独学のための一冊。
- 正しい音を確認できる音声 CD 付き。
- 第1課から4課でキリル文字のアルファベットとその発音、文法の初歩を固めたのち、第5課以降では、会話文やアネクドート、短い文学作品などを使ったテクストと、文法を中心とした解説で理解を深め、練習問題で知識の定着を図ります。
- 総まとめには『名も無き花』『ドクトル・ジヴァゴ』『黄金の言葉』といった味わい深い読み物を用意。ロシア語を自分で読み解く楽しさを体感できます。
- 単語帳、索引付きで繰り返し参照できます。